Gotta

Die Spezielle Kohlenhydrat-Diät SCD

Carola Gotta studierte Anglistik und Filmwissenschaft in Frankfurt a. M. und arbeitet als unabhängige Dokumentarfilmemacherin und Übersetzerin. Nach der Colitis-ulcerosa-Diagnose ihres Sohnes machte sie es zu ihrer Mission, ihn bei seiner Heilung zu unterstützen. Ihre intensive Auseinandersetzung mit den Ursachen chronisch-entzündlicher Darmerkrankungen und ihre Suche nach natürlichen Therapie-Optionen führten sie zu der Speziellen Kohlenhydrat-Diät und der GAPS-Diät. Beide Ernährungsformen trugen dazu bei, dass ihr Sohn heute symptomfrei und ohne Medikamente leben kann. Carola Gotta möchte mit ihrem Ratgeber und ihrem Kochbuch Betroffene bei der diätetischen Behandlung ihrer Erkrankung unterstützen. Carola Gotta lebt mit ihrem Partner und ihrem gemeinsamen Sohn im Nordwesten Irlands.

Widmung

Ich widme dieses Buch Dr. Sidney Valentine Haas und Elaine Gottschall.
Möge ihr Licht nie erlöschen und möglichst vielen Menschen den Weg zurück zur Gesundheit weisen.

Carola Gotta

Die Spezielle Kohlenhydrat-Diät SCD

Das Kochbuch bei Morbus Crohn und Colitis ulcerosa

TRIAS

11 Das sollten Sie über die SCD wissen

12 **Was ist die Spezielle Kohlenhydrat-Diät?**
14 Was versteht man unter einer Dysbiose?
15 Wie kommt es zu CED?
16 Die Rolle der Ernährung

18 **Die SCD – endlich wieder anerkannt**
18 Ursprung der SCD
18 Elaine Gottschall und die SCD
20 Die GAPS-Diät
20 Die Nimbal-Therapie
21 SCD und GAPS-Diät in Deutschland

23 Die SCD in der Praxis

24 **Wie funktioniert die SCD?**
24 Die SCD hilft, aber wie?
25 Gottschalls Erklärungsmodell
28 Westliche Ernährung und CED
30 Vorzüge der SCD
33 Die SCD als eine wirklich glutenfreie Diät
34 Die SCD und/oder Medikamente
35 Für welches Patientenprofil eignet sich die SCD?
36 Wie lange dauert es, bis die SCD wirkt?
37 Wiedereinführung unerlaubter Nahrungsmittel

38 **Tipps für die SCD**
38 Bevor es losgeht
39 Was darf ich wann essen?
42 Die Einführungsdiät
45 Wie geht es weiter?
49 Rückfälle und erneute Krankheitsschübe

57 Die Rezepte

58 **Hinweise zu den Rezepten**
58 Am Anfang einfache Gerichte
58 Bio, regional und saisonal
59 Sorgfältig waschen und schälen
59 Gechlortes Wasser vermeiden
59 Vorsicht bei Eiern!

60 **Selbstgemachte SCD-Zutaten**

74 **Frühstück, Snacks & Dips**

86 **Brühen, Suppen & Eintöpfe**

102 **Salate & Dressings**

108 **Gemüse**

120 **Fisch, Geflügel und Fleisch**

126 **Hauptgerichte**

140 **Desserts**

150 **Brote, Kuchen & Kekse**

161 Service

161 **Quellenangaben**

162 **Rezeptverzeichnis**

164 **Sachverzeichnis**

165 **Empfehlung von Carola Gotta**

Exkurse

8 Mein **perfekter** Tag
50 Was ist erlaubt, was ist verboten?

Das Rezept zum Coverfoto (Gebackenes Lachsfilet) finden Sie auf Seite 122.

Liebe Leserinnen und Leser!

Ich freue mich, dass Sie Ihr Weg hierhergeführt hat, und heiße Sie willkommen bei der »Speziellen Kohlenhydrat-Diät« (»Specific Carbohydrate Diet«, kurz: SCD). Ich schreibe dieses Buch nicht als Ärztin oder Ernährungswissenschaftlerin, sondern als eine Mutter, die sich aufgrund der Colitis ulcerosa (Pancolitis) ihres Kindes seit 2016 mit chronisch-entzündlichen Darmerkrankungen (CED) und Autoimmunerkrankungen befasst und vor allem damit, wie man diese Krankheiten diätetisch und mit nicht-medikamentösen Therapien positiv beeinflussen kann.

Der Glaubenssatz von Schulmedizinern, die Ernährung spiele bei der Entstehung und Behandlung chronisch-entzündlicher Darmerkrankungen keine Rolle und Patienten könnten essen, was sie wollen, ist längst nicht mehr haltbar. Heute ist bekannt, dass es sich bei der Entwicklung einer CED um ein multifaktorielles Geschehen handelt, das auf einem komplexen Zusammenspiel bestimmter Gene, dem Immunsystem, dem Mikrobiom und Umweltfaktoren beruht. Eine ganz zentrale Rolle bei diesen Umweltfaktoren spielt unsere Ernährung, die immer weniger »artgerecht« ist.

Lebenslang Medikamente mit starken Nebenwirkungen einnehmen zu müssen, die in vielen Fällen noch nicht einmal wirksam sind, war für meinen 16-jährigen Sohn Luca keine gute Option. Und noch weniger war es die operative Entfernung seines Dickdarms, die Patienten mit schweren Krankheitsverläufen drohen kann.

Dass ich unmittelbar nach Lucas Diagnose auf die SCD gestoßen bin und wir diese Diät sofort ausprobierten, war ein großer Segen. Viele seiner Symptome verschwanden innerhalb weniger Tage. Es dauerte jedoch fast ein Jahr, bis er überhaupt keine Krankheitsschübe mehr hatte. Seither sind keine Colitis-Symptome mehr aufgetreten und das völlig ohne Medikamente. Lucas regelmäßige Laboruntersuchungen bestätigen, dass er keine Entzündungsaktivität mehr im Körper hat und er sich nicht nur gesund fühlt, sondern es auch ist.

Laut aktueller Studien eignet sich die SCD dafür, das Mikrobiom von Patienten vorteilhaft zu manipulieren sowie den Darm zu heilen und dadurch positiven Einfluss auf das Krankheitsgeschehen zu nehmen. Die SCD kann Patienten zu mehr Wohlbefinden, mehr Lebensfreude und einer höheren Lebensqualität verhelfen. Sie stellt nicht nur eine natürliche und effektive Therapieoption dar, sondern ermöglicht auch die Zubereitung von Gerichten, die man in jedem Gourmet-Restaurant anbieten könnte.

Mit meinen Büchern beabsichtige ich, der SCD im deutschsprachigen Raum zu größerer Bekanntheit und mehr Akzeptanz bei Ärzten und anderen Therapeuten zu verhelfen. Speziell mit dem vorliegenden Buch möchte ich Betroffene mit der SCD bekanntmachen, sie dazu ermutigen, diese wunderbare Diät auszuprobieren und sie bei ihrer praktischen Umsetzung unterstützen. Ich gehe hier insbesondere auf den Zusammenhang mit chronisch-entzündlichen Darmerkrankungen – wie Morbus Crohn und Colitis ulcerosa – ein, obwohl die SCD und die auf ihr basierende GAPS-Diät auch für die natürliche Behandlung zahlreicher anderer (Autoimmun-)Erkrankungen eingesetzt werden können.

Ich wünsche auch Ihnen viel Erfolg und Genuss damit. Mögen meine zahlreichen Tipps und die Fülle an leckeren Rezepten Ihre eigene Heilreise unterstützen!

Ihre Carola Gotta

Mein perfekter Tag

Frühstück

Früchte-Bruschetta

Für 2 Portionen
15 Min.

125–250 g SCD-Frischkäse (Seite 72) • einige TL Rohhonig • saisonale Früchte wie Nektarinen, Pflaumen, verschiedene Beeren oder Weintrauben • 4 Scheiben SCD-Bananenbrot (Seite 153) oder ein anderes SCD-Brot nach Wahl

- SCD-Frischkäse mit Honig verrühren.
- Früchte waschen, abtrocknen und ggf. in Stücke schneiden.
- Brotscheiben toasten und auf 2 Teller legen.
- Frischkäse und Früchte darauf verteilen und mit etwas Honig beträufeln.

Mittagessen

Asiatische Putenbrust

Für 2 Portionen
25 Min.

1 Knoblauchzehe • ½ rote Zwiebel • 3 cm Ingwer • 2 EL Kokosöl • 400 ml selbstgemachte Kokosmilch (Seite 70) • 2 EL erlaubte Erdnussbutter • 1 EL selbstgemachter Sojasaucen-Ersatz (Seite 64) • 300–400 g geschnetzelte Putenbrust • 1 Bund frischer Koriander oder glatte Petersilie • Salz • Cayenne-Pfeffer

- Knoblauch und Zwiebel schälen und in feine Streifen schneiden. Ingwer schälen und raspeln.
- Kokosöl in einem Kochtopf bei mittlerer Hitze erwärmen und alles darin 3 Min. andünsten.
- Kokosmilch, Erdnussbutter und Sojasaucen-Ersatz dazugeben und kurz köcheln. Putenbrust dazugeben, alles gut miteinander vermischen und ca. 10 Min. köcheln lassen oder bis die Putenbrust gar ist.
- Inzwischen Koriander waschen, trocken tupfen und hacken.
- Das Gericht mit Salz und Cayenne-Pfeffer abschmecken und mit Koriander bestreuen.

Das passt dazu Blumenkohl-»Reis« (Seite 114)

Abendessen

Gebackene Avocado mit Ei und Petersilie

Für 2 Portionen
30 Min.

60–80 g Parmesan am Stück • 2 Bio-Avocados • etwas Zitronensaft • Salz • Pfeffer • 4 kleine Bio-Eier • einige Stängel glatte Petersilie

- Backofen auf 180 °C vorheizen. Backblech mit Backpapier auslegen.
- Parmesan reiben und beiseitestellen.
- Avocados halbieren und entkernen. Die Vertiefungen so weit vergrößern, dass ein aufgeschlagenes Ei hineinpasst. Fruchtfleisch beiseitestellen und mit etwas Zitronensaft beträufeln.
- Avocadohälften salzen und pfeffern und mit der Hälfte des Parmesans bestreuen. Jede Hälfte mit einem aufgeschlagenen Ei befüllen.
- Im vorgeheizten Backofen ca. 20 Min. backen.
- Petersilie fein hacken.
- Gebackene Avocadohälften mit dem restlichen Fruchtfleisch auf 2 Teller geben und mit Parmesan und Petersilie bestreuen.

Das passt dazu Focaccia (Seite 153)

Das sollten Sie über die SCD wissen

Wissenschaftlich erwiesen ist, dass eine gezielte Ernährung ganz erheblich zur Besserung von CED und zur Heilung der Darmschleimhaut beitragen kann.

Was ist die Spezielle Kohlenhydrat-Diät?

Unser Darm wird von Billionen Mikroorgansimen besiedelt. Auf die richtige Mischung kommt es an. Die SCD kann unser Mikrobiom positiv beeinflussen.

Die Spezielle Kohlenhydrat-Diät ist eine Ernährungstherapie und Eliminationsdiät, die bezüglich der erlaubten und nicht erlaubten Kohlenhydrate sehr spezifisch ist. Sie wurde in den 1930er-Jahren von dem New Yorker Kinderarzt Dr. Sidney Valentine Haas entwickelt und später von der Biologin und Ernährungswissenschaftlerin Elaine Gottschall propagiert. Dr. Haas hatte Ende der 1950er-Jahre die Colitis ulcerosa von Elaine Gottschalls Tochter erfolgreich mit dieser Diät behandelt (Seite 18).

In diesem Buch soll die Diät insbesondere im Zusammenhang mit chronisch-entzündlichen Darmerkrankungen betrachtet werden, obwohl sie sich auch zur Behandlung von Divertikulitis, Mukoviszidose (zystische Fibrose) und chronischen Durchfallerkrankungen eignet. In ihrem 1994 erschienenen Buch »Breaking the Vicious Cycle« weist Elaine Gottschall darauf hin, dass sich die SCD auch positiv auf das Krankheitsgeschehen bei Patienten mit Autismus und anderen psychiatrischen Erkrankungen auswirken kann.

Von der SCD sind alle Getreide- und Pseudogetreidearten sowie Lebensmittel, die daraus hergestellt werden oder diese enthalten, gestrichen. Ausgeschlossen sind außerdem Milch und die meisten industriell daraus hergestellten Produkte (außer dem SCD-Joghurt und bestimmten, sehr laktosearmen Käsesorten), die meisten Zucker (außer die in Honig und Früchten vorkommenden Einfachzucker) und alles, was Stärke enthält, wie zum Beispiel Kartoffeln oder Reis.

Erlaubt sind Fisch, Fleisch, Geflügel, Eier, gesunde Fette sowie zahlreiche Obst- und Gemüsesorten, Nüsse, Nussmehle und daraus hergestellte Backwaren. Der SCD-Joghurt spielt eine ganz besondere Rolle, auf die ich später noch eingehen werde (Seite 32). Prinzipiell kann man sagen, dass bei der SCD nur solche Nahrungsmittel verzehrt werden dürfen, die die Betroffenen auch richtig verdauen können.

Fast alle Speisen werden aus frischen oder auch tiefgefrorenen Lebensmitteln, vorzugsweise in Bio-Qualität, von Grund auf selbst zubereitet. Eine genaue Liste der erlaubten und verbotenen Nahrungsmittel finden Sie im Kapitel »Was ist erlaubt, was ist verboten?« (Seite 50). Die SCD ist jedoch weitaus mehr als diese Liste, denn es gibt Regeln dafür, zu welchem Zeitpunkt bestimmte erlaubte Lebensmittel eingeführt werden dürfen.

Die SCD versucht mittels einer Ernährungsumstellung eine sogenannte Dysbiose im Verdauungstrakt zu regulieren, das Immunsystem zu beruhigen, Entzündungen zum Abklingen zu bringen und die mukosale Integrität wiederherzustellen (Heilung der Darmschleimhaut und des »löchrigen« Darms, auch Leaky-Gut-Syndrom genannt, Seite 27). Dies sind alles Probleme, mit denen Betroffene zu kämpfen haben. Da bei chronisch-entzündlichen Darmerkrankungen (CED) die mukosale Barriere geschädigt ist, kommt es zu unkontrollierten Kontakten zwischen der intestinalen Mikrobiota (Gesamtheit der Mikroorganismen, die unseren Verdauungstrakt besiedeln) und dem Immunsystem sowie zu entzündlichen Reaktionen. Eine erhöhte Darmdurchlässigkeit oder auch intestinale Permeabilität wird von Experten inzwischen nicht nur als Wegbereiter, sondern als notwendige Zutat für das Entstehen von Autoimmunerkrankungen und zahlreichen anderen Erkrankungen angesehen.

Das Leaky-Gut-Syndrom tritt auf, wenn die Darmzellen beschädigt wurden oder wenn die sogenannten Tight Junctions (»dichte Verbindungen«) zwischen diesen Zellen in ihrer Funktion gestört sind. Dies hat zur Folge, dass Moleküle aus der Umwelt die Darmmembran wahllos passieren und in den Blutstrom gelangen können (Abb. Seite 14). Dazu gehören unvollständig verdaute Nahrungsbestandteile wie Gluten, Bakterienfragmente (Lipopolysaccharide, LPS), infektiöse Organismen und Toxine. Es kommt zu lokalen und systemischen (den ganzen Körper betreffenden) Entzündungen. Auch die Bildung von Autoantikörpern und Autoimmunreaktionen kann die Folge sein.

Zu den Faktoren, die die Integrität der Darmwand gefährden, gehören Glutenexposition, exzessive LPS-Mengen, Stress, bestimmte Medikamente (wie Antibiotika, Kortikosteroide, nichtsteroidale entzündungshemmende Medikamente), Glyphosat, gechlortes Wasser und ein Mangel an freundlichen Darmbakterien (Probiotika).

Die gute Nachricht lautet, dass ein durchlässiger Darm heilbar ist. Zur Therapie gehören das Weglassen bestimmter Nahrungsmittel, die Neubesiedlung des Darms mit Probiotika (zum Beispiel durch den Verzehr von SCD-Joghurt) und die Reparatur der Darmwand (beispielsweise durch Glutamin, das auch in selbstgemachtem Sauerkraut vorhanden ist, Vitamine und Mineralstoffe).

In der Regel leiden Patienten mit Morbus Crohn oder Colitis ulcerosa aufgrund einer eingeschränkten Verdauungsleistung und Nährstoffabsorption auch unter zahlreichen Mangelerscheinungen. Die SCD ist sehr nahrhaft und erfüllt prinzipiell alle Voraussetzungen dafür, Patienten mit einer ausreichenden Menge von Kalorien, Proteinen, Kohlenhydraten, Fetten, Vitaminen und Mineralien zu versorgen.

Was versteht man unter einer Dysbiose?

Alles, was wir essen oder trinken, wirkt sich auf unsere Mikrobiota aus. Darunter versteht man die Gemeinschaft von etwa 100 Billionen Mikroorganismen wie Bakterien, Pilzen und Viren, die unseren gesamten Verdauungskanal besiedeln und dort ein komplexes Ökosystem bilden. Etwa 98 Prozent unserer Bewohner sind Bakterien, von denen potenziell weit über 1000 Arten im Darm leben können. Die meisten von uns beherbergen jedoch nur zwischen 100 bis 200 verschiedene Spezies in ihrem Verdauungstrakt. Unser Mikrobiom (die Mikrobiota, ihre Gene und Genprodukte) kontrolliert jeden Aspekt unserer Gesundheit, und je vielfältiger es ist, desto besser ist es um unsere Gesundheit bestellt. Die Gesamtheit der Mikroorganismen, die in uns leben, verfügt über 150-mal mehr Gene als wir selbst. Der Genpool unseres Mikrobioms steht im ständigen Austausch mit unseren eigenen Genen.

Ist die Verbindung zwischen den Darmzellen gestört, können giftige Stoffe ungehindert die Darmwand passieren.

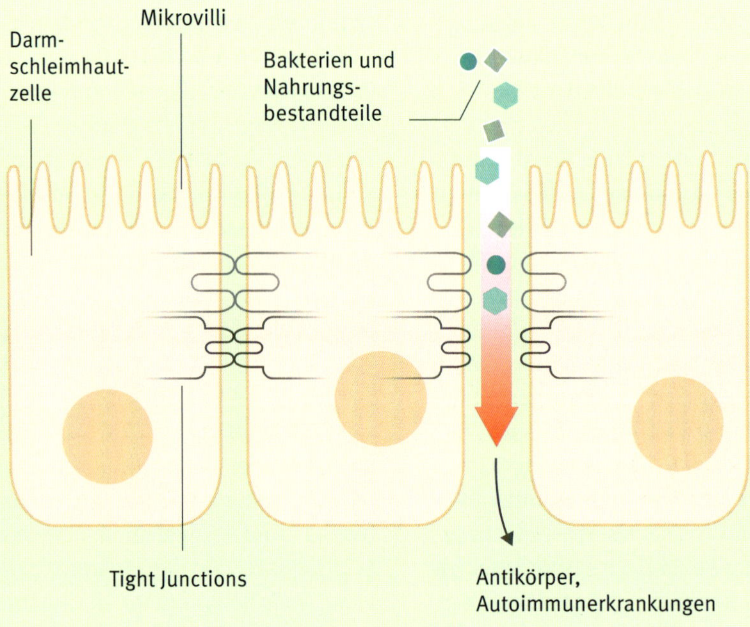

Gotta C. Neue Chancen bei chronisch-entzündlichen Darmerkrankungen. Stuttgart: TRIAS; 2022

Mikroorganismen besiedeln zwar unseren gesamten Verdauungskanal, der im Mund anfängt und am After endet. Der eigentliche Lebensraum der Mikrobiota ist jedoch der Dickdarm, der auch am dichtesten besiedelt ist. Die meisten unserer Darmbewohner sind uns freundlich gesonnen und unserer Gesundheit zuträglich. Sie unterstützen uns beim Verdauen, produzieren Vitamine, regulieren das enterische Nervensystem, das wiederum den Verdauungstrakt kontrolliert, orchestrieren die Immunantwort, helfen dabei, Aspekte von Entzündungen zu modulieren und spielen auch eine große Rolle für unsere psychische Gesundheit. Außerdem tragen sie zur Stabilisierung der Darmbarriere bei und halten schädliche Darmbakterien in Schach.

Wenn sich das Gleichgewicht zwischen freundlichen, opportunistischen und pathogenen Bakterien verschiebt, wenn man in bestimmten Regionen zu viele oder zu wenige Mikroorganismen aufweist oder wenn sich bestimmte Bakterienarten am falschen Ort vermehren, spricht man von einer Dysbiose. Diese kann schwerwiegende Auswirkungen auf die Verdauung und das Immunsystem haben und tritt häufig bei Menschen mit Autoimmunerkrankungen auf.

Wie kommt es zu CED?

Die Colitis ulcerosa (CU) und Morbus Crohn (MC) stellen die beiden Hauptgruppen der chronisch-entzündlichen Darmerkrankungen (CED) dar. Während sich bei der Colitis ulcerosa die chronischen Entzündungen der Darmschleimhaut auf den Dickdarm beschränken, kann bei Morbus Crohn jeder beliebige Teil des Verdauungstraktes betroffen sein, vom Mund bis zum Rektum.

Es wird angenommen, dass es sich bei der Entstehung von CED um ein komplexes Wechselspiel handelt, bei dem eine genetische Veranlagung oder Prädisposition, eine Fehlregulation des Immunsystems sowie Umweltfaktoren, die die intestinale Mikrobiota verändern, beteiligt sind. Innerhalb der letzten Jahrzehnte hat die Zahl der Betroffenen insbesondere in hoch industrialisierten Ländern signifikant zugenommen. In Nordeuropa und Nordamerika ist das Vorkommen von CED am höchsten. Es konnte auch festgestellt werden, dass in weniger industrialisierten Ländern, die ihre Lebensgewohnheiten an einen westlichen Lebensstil anpassen, eine Zunahme der Inzidenz von CED zu verzeichnen ist.

Genetische Prädisposition und Umweltfaktoren

Eine genetische Komponente spielt bei der Pathogenese von CED eine eindeutige Rolle und es konnten bereits über 260 Gene gefunden werden, die zu CED prädisponieren. Trotzdem haben Umweltfaktoren einen ganz entscheidenden Einfluss darauf, ob eine Person krank wird oder nicht, was in Zwillingsstudien belegt werden konnte. Bei eineiigen Zwillingspaaren, die bei der Geburt über identische Gene verfügen, kommt es in weniger als 50 Prozent der Fälle bei beiden Zwillingen zum Ausbruch der Krankheit. Dies zeigt, wie viel Einfluss Umweltfaktoren haben. Genetische Faktoren allein könnten auch nicht den rasanten Anstieg der Inzidenz von CED erklären, denn unsere Gene haben sich innerhalb weniger Jahrzehnte nicht verändert, wohl aber unsere Lebensweise.

Intestinales Mikrobiom und Entzündungsaktivität

Aktuelle Studien legen nahe, dass pathologische Veränderungen des intestinalen Mikrobioms einen essenziellen Faktor als Auslöser der Entzündungsaktivität bei CED darstellen. Das Darm-Mikrobiom ist dynamisch und ändert sich mit zunehmendem Alter und in Abhängigkeit von der Ernährungsweise, der Exposition gegenüber Antibiotika und anderen Umweltfaktoren. Der Einfluss der Ernährung, insbesondere der sogenannten westlichen Ernährungsweise, rückt bei der Erforschung möglicher Krankheitsursachen immer weiter in den Vordergrund.

Es besteht kein Zweifel daran, dass CED mit einer intestinalen Dysbiose im Zusammenhang stehen. Es konnte jedoch kein bestimmtes Bakterium oder mikrobielles Milieu gefunden werden, das als Krankheitsursache gilt. Auch ist unklar, wie ein gesundes Mikrobiom auszusehen hat. Studien haben ergeben, dass alle CED-Patienten eine geringere Bakterienvielfalt aufweisen als gesunde Menschen. Es konnte auch festgestellt werden, dass bei den Betroffenen bestimmte Bakteriengruppen vermindert sind, während andere vermehrt vorkommen. Die erhöhte Präsenz bestimmter Bakterienstämme kann Entzündungen hervorrufen. Gastrointestinale Entzündungen können jedoch auch durch das Fehlen bestimmter Bakterienstämme, die die Immuntoleranz erhöhen, herbeigeführt werden.

Die Rolle der Ernährung

Die Erforschung der Rolle, die die Ernährung bei der Entstehung und Aufrechterhaltung von CED spielt, wirft natürlich auch die Frage auf, wie sich das Krankheitsgeschehen durch gezielte diätetische Maßnahmen positiv beeinflussen lässt. Aktuelle Studien bestätigen, dass sich diätetische Interventionen auf alle drei Komponenten des CED-Paradigmas auswirken: das intestinale Mikrobiom, die Integrität der mukosalen Darmbarriere und das Immunsystem.

Seit Jahrzehnten berichten Patienten mit chronisch-entzündlichen Darmerkrankungen und anderen Erkrankungen des Verdauungssystems, dass sie mithilfe der SCD ihre Leiden in den Griff bekommen haben. Zahlreiche Betroffene konnten nicht nur eine dauerhafte Remission ihrer Krankheitsaktivität erreichen, sondern auch ihre Medikamente absetzen. Es wurden bisher jedoch nur wenige Studien durchgeführt, die von der sogenannten evidenzbasierten Medizin anerkannt wurden. Dies lag wohl hauptsächlich auch daran, dass es an finanzieller Unterstützung für entsprechende Studien mangelte.

Die SCD wurde im Zusammenhang mit CED am meisten untersucht, aber noch immer steckt die Erforschung diätetischer Therapien in den Kinderschuhen. Es konnte jedoch nachgewiesen werden, dass die SCD bei CED-Patienten zu einer signifikanten Abnahme der Krankheitsaktivität oder sogar zu einer Remission (vorübergehende oder dauerhafte Abschwächung der Symptome bei chronischen Erkrankungen) und deren Beibehaltung führen kann. Die SCD kann auch eine Heilung der Darmschleimhaut ermöglichen. Außerdem hat die Diät positive Auswirkungen auf die Vielfalt der Mikrobiota. Darüber hinaus gibt es Hinweise darauf, dass die SCD bei CED-Patienten Komplikationen und Krankenhausaufenthalte vermeiden kann.

Patienten und Ernährungstherapien

Diese Ergebnisse sind sehr vielversprechend und zeigen, dass es nicht stimmt, wenn Ärzte Patienten gegenüber behaupten, die Ernährung spiele bei CED keine Rolle. Interessant ist in diesem Zusammenhang auch, dass laut einer Studie 40 Prozent der MC-Patienten glaubten, dass sie mithilfe diätetischer Maßnahmen ihre Symptome beeinflussen können. Und doppelt so viele waren davon überzeugt, dass die Ernährung generell bei der Behandlung ihrer Erkrankung wichtig sei.[1] Gemäß einer anderen Studie haben 40 Prozent der CED-Patienten verschiedene Ernährungstherapien auf eigene Faust ausprobiert.[2] Dies zeigt, dass bei Patienten ein großes Interesse an diätetischen Maßnahmen besteht, auf das von ärztlicher Seite jedoch nicht ausreichend eingegangen wird. Es muss noch einiges geschehen, um eine Zusammenarbeit auf Augenhöhe zwischen Arzt und Patient zu ermöglichen. Die momentane Situation sieht bedauerlicherweise eher so aus, dass sich Patienten, die eine Diät befolgen, von ihren Ärzten relativ im Stich gelassen fühlen und daher oft verunsichert sind.

Die SCD – endlich wieder anerkannt

Bereits vor 100 Jahren entwickelt, lange klinisch erprobt, einst weltweit anerkannt und dann in Vergessenheit geraten, ist die SCD heute eher ein Geheimtipp.

Aktuelle Entwicklungen und Schritte tragen dazu bei, dass auch die konventionelle Medizin die SCD nicht länger als Behandlungsoption, insbesondere bei Colitis ulcerosa und Morbus Crohn, ignorieren kann.

Ursprung der SCD

Die Spezielle Kohlenhydrat-Diät war ursprünglich eine Zöliakietherapie, der die Auffassung zugrunde lag, eine gestörte Kohlenhydratverdauung sei für diese schwerwiegende Erkrankung verantwortlich. Bei der Zöliakie werden in Folge von Autoimmunattacken die Darmzotten des Dünndarms zerstört. Während sie heute als Glutenintoleranz oder glutenbedingte Enteropathie definiert und mit einer glutenfreien Ernährungsweise behandelt wird, bezog das Krankheitsbild ursprünglich auch eine Vielzahl anderer entzündlicher Darmerkrankungen und Störungen des Verdauungsapparats mit ein. All diese Leiden konnten sehr effektiv mit der SCD behandelt werden. Nachdem sich eine neue Sicht auf die Zöliakie etabliert hatte und diese nicht mehr länger mit der SCD behandelt wurde, fiel sie auch als Therapie für zahlreiche andere Erkrankungen des Verdauungssystems weg. Dr. Haas' ehemals hoch geschätzte Diät (Seite 12) war noch vor seinem Tod im Jahr 1964 unter seinen Kollegen aus der Standardmedizin in Vergessenheit geraten. Die Medizin schritt weiter voran, und generell wurde Medikamenten gegenüber diätetischen Therapien der Vorzug gegeben. Die Frage, was ein Patient isst und welche Rolle die Ernährung bei seinem Leiden spielt, wurde immer weniger oft gestellt.

Elaine Gottschall und die SCD

Dr. Haas wandte die SCD auch zur erfolgreichen Behandlung von Colitis ulcerosa an, und eine seiner Patientinnen wurde die damals achtjährige Judy Gottschall. Judys Mutter Elaine Gottschall war 1958 auf den bereits 88-jährigen Dr. Haas aufmerksam geworden. Damals war ihre Tochter bereits drei Jahre in ärztlicher Behandlung und sämtliche Versuche, ihre schwere Colitis ulcerosa medikamentös in den Griff zu bekommen, waren gescheitert. Nun stand sie kurz vor einer Darmoperation, bei der Teile ihres Dickdarms entfernt werden sollten. Dr. Haas verordnete die SCD, und zwei Jahre später hatte Judy keinerlei Symptome mehr, war aufgeblüht und voller Energie. Die folgenschwere Darmoperation blieb ihr erspart.

Elaine Gottschall wurde zur wohl bekanntesten Befürworterin und Verfechterin der SCD. Dass diese Diät zur Behandlung von Darmerkrankungen wie der Colitis ulcerosa wirksam war, stand für sie völlig außer Frage. Sie wollte jedoch erforschen, warum dies so war. Außerdem wollte sie erreichen, dass die SCD zur Behandlung verschiedener Erkrankungen des Verdauungsapparates unter Medizinern anerkannt wurde. Von 1975 bis 1979 studierte sie an der University of Western Ontario Biologie und Ernährungswissenschaften und untersuchte die Wirkung verschiedenartiger Zucker auf den Verdauungstrakt. 1979 erhielt sie ihr Master-of-Science-Degree. Danach erforschte sie die Veränderungen, die bei Patienten mit entzündlichen Darmerkrankungen an der Darmwand auftreten.

Darmgesundheit durch Diät

1994 erschien ihr Buch »Breaking the Vicious Cycle: Intestinal Health through Diet« (»Den Teufelskreis durchbrechen: Intestinale Gesundheit durch Diät«), in dem sie die SCD vorstellte, deren Wirkungsweise erklärte und Patienten mit der praktischen Umsetzung der Diät vertraut machte. Es wurde bis zum Jahr 2005 über eine Million Mal verkauft, mehrmals neu aufgelegt und in mindestens sieben Sprachen übersetzt, darunter auch in die deutsche Sprache, in der es 2010 unter dem Titel »Diät bei Morbus Crohn und Colitis ulcerosa: Endlich neue Chancen durch reizarme Ernährung – So hilft die Spezielle Kohlenhydrat-Diät« im TRIAS Verlag erschienen ist. Leider ist keine Neuauflage mehr möglich. Ich bedauere dies sehr und möchte versuchen, die entstandene Lücke so gut wie möglich mit dem hier vorliegenden Titel zu füllen.

Als Elaine Gottschall im Jahr 2005 im Alter von 84 Jahren einem Krebsleiden erlag, war ihre größte Sorge, dass die SCD nach ihrem Tod erneut in Vergessenheit geraten könnte. Insbesondere in den USA hat eine sehr aktive SCD-Community dafür gesorgt, dass sich Gottschalls Befürchtungen nicht bewahrheiteten und die Diät nicht an Popularität verlor. Ganz im Gegenteil: Es gibt zahlreiche SCD-Webseiten und SCD-Facebookgruppen, auf denen sich Patienten und Patientinnen gegenseitig unterstützen. Auch im deutschsprachigen Raum entsteht allmählich ein digitales Netzwerk, das es Betroffenen ermöglicht, sich über ihre Erfahrungen mit der Diät auszutauschen und gegenseitig zu helfen (Adressen finden Sie im Serviceteil, Seite 165).

Die GAPS-Diät

Als eine Weiterentwicklung der SCD ist die GAPS-Diät zu nennen, mit der mein Sohn und ich zur Behandlung seiner Colitis ulcerosa und einer damit einhergehenden Kontaminationsphobie ausgezeichnete Erfahrungen gemacht haben.

Die GAPS-Diät basiert auf der SCD und wurde von der Ärztin und Neurologin Dr. Natasha Campbell-McBride entwickelt. Mithilfe der SCD gelang es ihr über mehrere Jahre hinweg, ihren autistischen Sohn zu heilen und ihm ein ganz normales Leben zu ermöglichen.

In der von ihr gegründeten »Cambridge Nutrition Clinic« behandelte sie über 20 Jahre lang Kinder und Erwachsene mit Verhaltensstörungen und Lernbehinderungen sowie mit Störungen des Verdauungs- und Immunsystems. Sie setzte dabei die SCD ein, die sie im Laufe der Zeit an die Bedürfnisse ihrer Patienten anpasste. Die GAPS-Diät stellt ein striktes Behandlungskonzept mit einzelnen Stufen dar, das mit der SCD kompatibel ist und diese um spezielle Nahrungsergänzungsmittel, Detox-Methoden und therapeutische Nahrungsmittel (zum Beispiel fermentierte Speisen, gesunde tierische Fette, selbst gepresste Säfte) ergänzt.

Die Nimbal-Therapie

Der Professor für pädiatrische Medizin und Leiter der Abteilung Klinische Gastroenterologie der Kinderklinik von Seattle, Dr. David Suskind, ist ein Vorreiter für den Einsatz der SCD bei der Behandlung von Kindern und Jugendlichen mit Colitis ulcerosa und Morbus Crohn. Er und sein Team am Seattle Children's Hospital (Washington) wenden die Diät seit einigen Jahren erfolgreich als eine Behandlungsoption bei ihren jungen Patienten an und erforschen sie. Prof. Suskind zog folgendes Fazit aus seinen Erfahrungen: »Seit Jahrzehnten oder länger behaupten Mediziner, die Diät spiele keine Rolle und habe keinen Einfluss auf die Krankheit. Jetzt wissen wir, dass sie einen Einfluss hat, und zwar einen gewaltigen. Sie wirkt, und jetzt haben wir den Beweis dafür.«[3]

Prof. Suskind setzt sich im gesamten US-Gebiet dafür ein, dass eine diätetische Therapie zum festen Bestandteil der klinischen Behandlung von CED im Rahmen der konventionellen Medizin wird. Einer Behandlung mit der SCD, mit oder ohne begleitendem Einsatz von Medikamenten, gab er den Namen »Nutrition in Immune Balance Therapy«.
Die NIMBAL-Therapie stellt eine standardisierte diätetische Herangehensweise dar, basierend auf den Erkenntnissen über die Auswirkung der Ernährungsweise auf das Mikrobiom und dessen signifikante Rolle im Zusammenhang mit CED. Prof. Suskind initiierte die NIMBAL-Webseite, die Therapeuten, Eltern und Patienten dabei unterstützt, die SCD zu verstehen und in die Behandlung von CED zu integrieren.

Paradigmenwechsel in den USA

Zumindest in den USA kann die SCD nicht länger als Behandlungsoption ignoriert werden. Immer mehr Studien tragen dazu bei, den Zusammenhang zwischen chronisch-entzündlichen Darmerkrankungen, der Ernährungsweise und dem Mikrobiom besser zu verstehen und in der Zukunft zu personalisieren.

Prof. Suskind ist davon überzeugt, dass die Ernährung eine ganz zentrale Rolle in der Medizin spielen muss. Bei Herzgefäßerkrankungen, Fettleibigkeit, Zöliakie oder Allergien sei ihr Einfluss auf den Körper längst anerkannt. Es sei eindeutig, dass sie auch bei chronisch-entzündlichen Darmerkrankungen eine zentrale Rolle spiele.[4]

SCD und GAPS-Diät in Deutschland

Es ist zu hoffen, dass der beschriebene Paradigmenwechsel in den USA auch Einfluss auf die Art und Weise haben wird, wie die Ursachen und Behandlungsmöglichkeiten chronisch-entzündlicher Darmerkrankungen in Deutschland gesehen werden. Denn hierzulande sind die SCD und die GAPS-Diät noch relativ unbekannt. Bei Ärzten und Gastroenterologen ist die Überzeugung, die Ernährung habe nichts mit chronisch-entzündlichen Darmerkrankungen zu tun und könne auch nicht zu deren Umkehr beitragen, leider noch tief verwurzelt.

Die Gründe dafür sind sicherlich vielfältig. Der Aufbau des Medizinstudiums, das ernährungswissenschaftlicher Wissensvermittlung nur einen sehr geringen Platz einräumt, ist einer davon. Außerdem lässt der von Zeitdruck geprägte Alltag in den Arztpraxen im Prinzip gar keinen Raum für das Eingehen auf diätetische Interventionen. Eine Diät zu erklären und ihre Wirksamkeit beim einzelnen Patienten zu überprüfen nimmt wesentlich mehr Zeit in Anspruch als das Verschreiben von Medikamenten.

Hinzu kommt – und das ist vielleicht der wichtigste Grund –, dass die medizinischen Leitlinien zur Behandlung von Colitis ulcerosa und Morbus Crohn einer diätetischen Intervention wie etwa durch die SCD oder die GAPS-Diät keine Bedeutung beimessen. Diese Leitlinien dienen Ärzten als Orientierung und die meisten sehen sich ihnen gegenüber verpflichtet.

Ich bin jedoch überzeugt davon, dass die Erfolge diätetischer Maßnahmen bei der Behandlung chronisch-entzündlicher Darmerkrankungen sowie zahlreicher anderer Krankheiten nicht auf Dauer ignoriert werden können. Patienten, die sich selbst weiterbilden und für ihre eigene Gesundheit Verantwortung übernehmen, ihren Arzt nach den Möglichkeiten einer diätetischen Therapie fragen und sich nicht abwimmeln lassen, tragen dazu bei, dass sich auch Standardmediziner mit Therapien wie der SCD oder der GAPS-Diät beschäftigen müssen. Auch Patienten, die ihre Erkrankung diätetisch behandeln und sich wieder guter Gesundheit erfreuen, sollten keine Gelegenheit auslassen, dies immer wieder ihren Ärzten gegenüber zu betonen. Nur so kann sich allmählich etwas im Bewusstsein konventioneller Mediziner ändern.

Die SCD in der Praxis

Sie überlegen, sich nach der SCD zu ernähren? Wichtige Hinweise zur Funktionsweise der Diät, aber auch praktische Tipps werden Ihnen bei der Entscheidung helfen.

Wie funktioniert die SCD?

Wie kommt es zu CED? Was sind die wichtigsten Bestandteile der SCD? Wie wirkt sie und worauf müssen Sie achten? Antworten finden Sie auf den folgenden Seiten.

Hinsichtlich der Ursache chronisch-entzündlicher Darmerkrankungen sind zwei Hauptaspekte von Bedeutung: das Immunsystem, das den Darm angreift, und das Mikrobiom, das das Immunsystem dazu veranlasst. Man geht davon aus, dass das Mikrobiom im Verdauungstrakt (auch »fäkales Mikrobiom«) eine bedeutende Rolle dabei spielt, bei Personen mit einer entsprechenden genetischen Veranlagung Entzündungen im Verdauungskanal auszulösen und am Laufen zu halten.

Bei der medikamentösen CED-Therapie liegt der primäre Fokus auf der Unterdrückung des Immunsystems mit dem Ziel, die Entzündungsaktivität bei den Betroffenen in Schach zu halten.

Die SCD hingegen zielt in erster Linie darauf ab, das fäkale Mikrobiom zu manipulieren. Die Ernährungsweise hat eine bedeutende Auswirkung auf die Zusammensetzung des Mikrobioms, und eine günstige Ernährung erlaubt es dem Immunsystem, die Entzündungsaktivität herunterzufahren. Auch durch die Wiederherstellung der Integrität der Darmschleimhaut können antiinflammatorische Effekte erzielt werden. Bei manchen Patienten gelingt es sehr gut, das Immunsystem einzig durch eine Ernährungsumstellung zu beruhigen. Bei anderen Patienten wiederum kann eine zusätzliche medikamentöse Therapie erforderlich sein.

Die SCD hilft, aber wie?

Während es unbestritten ist, dass die SCD Patienten helfen kann, ist immer noch nicht vollständig geklärt, wie sie dies erreicht. Studien beschäftigen sich deshalb auch mit der Frage, ob es eher an den eliminierten Nahrungsmitteln liegt, dass die SCD funktioniert, oder daran, dass man vermehrt andere Nahrungsmittel verzehrt. Es ist auch noch unklar, warum die SCD bei manchen Patienten besser wirkt als bei anderen. Weil aber ganz unterschiedliche Gen-Anomalitäten für CED mit verantwortlich sein können und die

Umweltfaktoren, die auf diese Gene einwirken, ebenfalls voneinander abweichen, sind auch die chronisch-entzündlichen Darmerkrankungen bei jedem Patienten individuell ganz verschieden. Folglich unterscheiden sich auch die Erfahrungen Betroffener, ihre Krankheitsverläufe und die Art und Weise, wie sie auf verschiedene Therapien ansprechen.

Es ist auch noch offen, für wen die SCD am besten geeignet ist, welche ihre wichtigsten Komponenten sind oder ob bestimmte Nahrungsmittel bei verschiedenen Personen unterschiedliche Wirkungen hervorrufen. Es kann auch nicht vorhergesagt werden, ob ein Patient positiv auf die SCD reagieren wird oder nicht. Man muss es ganz einfach selbst ausprobieren. Die SCD hat keine bekannten Nebenwirkungen und man hat eigentlich nichts zu verlieren.

Gottschalls Erklärungsmodell

Zuerst möchte ich auf Elaine Gottschalls Erklärungen zur Wirkungsweise der SCD eingehen. Sie hat als Biologin und Ernährungswissenschaftlerin einen wichtigen Beitrag zur Erforschung dieser Diät geliefert.

Unzureichende Kohlenhydratverdauung

Ihre Forschungen bestätigten die Annahme ihrer Wegbereiter, dass die Hauptursache verschiedener intestinaler Erkrankungen in einer unzureichenden Verdauung und Malabsorption (mangelnde Aufnahme) von Kohlenhydraten zu suchen sei. Ein schlecht funktionierender Darm sei nicht in der Lage, komplexe Kohlenhydrate, wie etwa jene aus Getreide, Mais, Reis, Soja, Kartoffeln oder Milch, zu verdauen. Gottschall war davon überzeugt, dass Kohlenhydrate den größten Einfluss auf die Vermehrung der intestinalen Mikrobiota haben.

Bei den Kohlenhydraten unterscheidet man zwischen Einfachzuckern, Zweifachzuckern und Mehrfachzuckern (Stärke). Einfachzucker findet man in natürlichem Honig, Früchten und einigen Gemüsesorten. Sie müssen nicht weiter aufgespalten werden, um in den Blutstrom absorbiert werden zu können.

Zweifach- und Mehrfachzucker hingegen sind für den Menschen nur verwertbar, wenn sie durch entsprechende Verdauungsprozesse in Einfachzucker aufgespalten wurden. Der letzte Verdauungsschritt dieser komplexen Kohlenhydrate findet im Dünndarm statt, der im Querschnitt betrachtet einer Landschaft aus Hügeln (Darmzotten oder Villi) und Tälern gleicht. Auf den Darmzotten befinden sich die Kleinzotten (Mikrovilli) mit ihren unterschiedlichen Verdauungsenzymen, die für diese Arbeit zuständig sind.

Kohlenhydrate und Dysbiose

Gottschall wies darauf hin, dass bei Patienten mit Darmerkrankungen die Mikrovilli abgeflacht sind, nur wenige oder gar keine Verdauungsenzyme haben oder von einer anormal dicken Schleimschicht bedeckt sind. Aus diesem Grund können Doppel- und Mehrfachzucker nur schlecht oder gar nicht verdaut werden. Unverdaute Kohlenhydrate gelangen in den Dickdarm und führen dort zu einer Überwucherung mit bestimmten Darmbakterien und Hefepilzen, die die Kohlenhydrate fermentieren und dabei Gase, Alkohol, Toxine und organische Säuren bilden. Es kommt zu einer unverhältnismäßig starken Vermehrung schädlicher Darmbakterien, und das gesunde Gleichgewicht innerhalb der Bakteriengemeinschaft wird gestört (Dysbiose). Die Umgebung wird zu sauer, was auch zur Folge haben kann, dass harmlose Mikroben zu schädlichen mutieren, ihre Eigenschaften verändern und Krankheiten verursachen.

Ursachen von SIBO

Im Gegensatz zum Dickdarm befindet sich im Dünndarm und im Magen normalerweise nur eine sehr geringe Bakterienbesiedlung. Im Magen und im oberen Dünndarm sorgt die Magensäure dafür, dass diese absterben. Trotzdem kann es geschehen, dass sich Mikroben aus dem Dickdarm in diesen Regionen

Querschnitt einer gesunden und einer geschädigten Darmzotte mit Mikrovilli

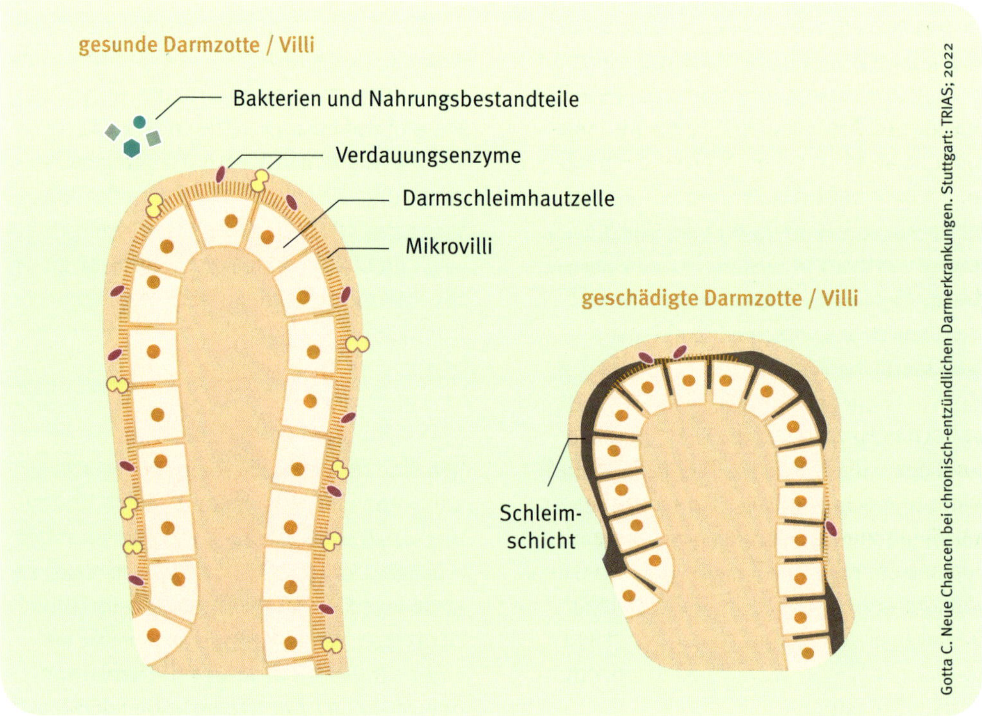

ansiedeln und sich vermehren. Eine solche bakterielle Überbesiedlung des Dünndarms, die auch SIBO (Small Intestine Bacterial Overgrowth) genannt wird, kann an der Anwesenheit unverdauter und nicht absorbierter Kohlenhydrate im Dünndarm liegen. Als weitere Ursachen gelten eine mangelhafte oder ungesunde Ernährung und eine daraus resultierende Schwächung des Immunsystems, Antibiotika, die kontinuierliche Einnahme von Antazida (Medikamente, die den Säuregehalt des Magens reduzieren) sowie die Einnahme nicht-steroidaler, entzündungshemmender Medikamente wie Aspirin oder Ibuprofen.

Leaky-Gut-Syndrom

Wenn Bakterien, Hefepilze und Parasiten den Dünndarm besiedeln, können sie dort Stoffwechselprodukte freisetzen, die giftig sind und Irritationen auslösen. Dies kann zu Schäden an den Zellwänden führen und so die Integrität der Darmwand zerstören. Der Darm versucht, sich gegen all diese Einwirkungen durch die Produktion von noch mehr Schleim zu schützen. Dies treibt die mangelnde Kohlenhydratverdauung weiter voran, weil die Verdauungsenzyme nun überhaupt nicht mehr mit den Kohlenhydraten in Kontakt kommen können. Es entsteht ein Teufelskreis, der das Problem immer weiter verstärkt.

Gottschall wies darauf hin, dass der Schleim von Becherzellen gebildet wird, die irgendwann so erschöpft sind, dass sie gar keinen Schleim mehr produzieren können. An den betreffenden Stellen ist der Darm dann vollkommen ungeschützt und verletzbar. Sie nahm an, dass dies der Zeitpunkt sein könne, zu dem sich bei der Colitis ulcerosa Geschwüre bilden.

Durch eine geschädigte Darmwand (Leaky-Gut-Syndrom) können wahllos Moleküle in den Blutstrom gelangen, die dort auf keinen Fall hingehören, zum Beispiel unvollständig verdaute Nahrungsbestandteile, Bakterienfragmente, infektiöse Organismen und Toxine. Auf diese reagiert das Immunsystem mit der Bildung von Antikörpern sowie Entzündungen, und es kann zu Allergien, aber auch zu Autoimmunreaktionen kommen.

Schädliche Bakterien aushungern

Die SCD verfolgt das Ziel, diesen Teufelskreis zu durchbrechen, indem sie schädlichen Mikroorganismen die Nahrung entzieht, die aus den unvollständig verdauten Kohlenhydraten stammt. Dies ist auch das Kriterium, nach dem bei der SCD die Einteilung in erlaubte und unerlaubte Nahrungsmittel erfolgt. Es sind nur Lebensmittel mit »speziellen Kohlenhydraten«, nämlich Einfachzuckern, zugelassen. Da Einfachzucker sofort in den Blutstrom aufgenommen werden, führen sie bei den Patienten nicht zu einer Überforderung ihres Verdauungssystems und stellen auch keine Energiequelle für schädliche Mikroorganismen dar. Alles, was Zweifach- oder Mehrfachzucker enthält, muss jedoch strikt gemieden werden, denn nur so kann es gelingen, die schädlichen Bakterien auszuhungern.

Gluten, Milch und Zucker

Die SCD eliminiert jedoch nicht nur komplexe Kohlenhydrate, sondern auch Gluten und andere schädliche Getreidebestandteile (zum Beispiel »Fraßgifte« bzw. Weizenkeimagglutinine) sowie Milch und Zucker, die für zahlreiche Menschen problematisch sind und zu Nahrungsmittelsensitivitäten und -unverträglichkeiten führen können. Menschen mit einer genetischen Prädisposition für Zöliakie oder Glutensensitivität reagieren auf Gluten mit starken Reizungen des Darms und des Immunsystems. Gluten ist außerdem für eine erhöhte Darmpermeabilität verantwortlich und kann Autoimmunerkrankungen Tür und Tor öffnen. Diese Wirkung von Gluten wird noch verstärkt, wenn glutenhaltige landwirtschaftliche Erzeugnisse mit Glyphosat behandelt wurden. Zucker wirkt hoch inflammatorisch, kann zu zahlreichen Problemen im Verdauungstrakt führen und erhöht das Risiko, an Morbus Crohn oder Colitis ulcerosa zu erkranken. Milch steht neben Getreide ebenfalls im Verdacht, entzündliche Prozesse im Darm zu verursachen, die zu einer erhöhten Darmdurchlässigkeit führen können.

Westliche Ernährung und CED

Laut Prof. Suskind ist die Ernährungsweise »der wichtigste modifizierbare Risikofaktor bei CED«.[5]

Die sogenannte »westliche Ernährungsweise« oder auch »amerikanische Standard-Diät« (»Standard American Diet«, kurz: SAD) wird zunehmend als wichtigster Umweltfaktor für die Entstehung und Aufrechterhaltung von CED, von Autoimmunerkrankungen ganz allgemein sowie von zahlreichen anderen chronischen Erkrankungen verantwortlich gemacht. Umgekehrt stellt unsere Ernährung aber auch eine Stellschraube dar, an der wir sehr leicht selbst drehen können, wenn wir wissen wie.

Wenn die westliche Ernährung derart verheerende Folgen für unsere Gesundheit hat, lohnt es sich, der Frage nachzugehen, was ihre Hauptmerkmale sind und was sie eigentlich so schädlich macht. Eine Gegenüberstellung mit der SCD bzw. der GAPS-Diät könnte dann auch wichtige Hinweise dafür liefern, warum über Gottschalls Erklärungen hinaus sich diese Diäten positiv auf das Krankheitsgeschehen Betroffener auswirken. Wenn Patienten diese Zusammenhänge verstehen, wird es ihnen auch leichter fallen, ihre Ernährungsgewohnheiten zu ändern und den vermehrten Arbeitsaufwand für die Zubereitung ihrer Mahlzeiten zu akzeptieren.

Viele Kalorien, wenig Nährstoffe

Die westliche Ernährungsweise ist zwar sehr kalorienreich, aber zugleich nährstoffarm. Dabei muss man sich noch nicht einmal überwiegend von Fastfood oder Junkfood ernähren, um Nährstoffdefizite aufzuweisen. Auch Personen, die glauben, sich mit viel »gesundem« Vollkorn und fettarmen Milchprodukten gesund zu ernähren, können Defizite haben. Denn wenn billiges Getreide (Zerealien, Nudeln, Brot) und (fettarme) Milchprodukte eine vielfältige Ernährung aus Fleisch, Geflügel, Fisch, Gemüse und Obst ersetzen, leidet die Aufnahme von Mikronährstoffen (Vitamine, Mineralien, Phytochemikalien) und damit unsere Gesundheit.

Zuckerspitzen und freie Radikale

Die westliche Ernährungsweise, für die die »amerikanische Standard-Diät« ein vielleicht etwas extremes Beispiel darstellt, ist gekennzeichnet durch den exzessiven Verzehr industriell verarbeiteter Kohlenhydrate, die nach ihrem Konsum sehr schnell in Glukose umgewandelt werden und zu einem raschen Anstieg des Blutzuckerspiegels führen. Wenn man sich hauptsächlich von Zucker und ballaststoffarmen, verarbeiteten Kohlenhydraten ernährt, entstehen bei deren Verstoffwechselung vermehrt gewebeschädigende freie Radikale mit entzündungsfördernder Wirkung.

Zu viele ungesunde Fette

Ein weiteres Kennzeichen der westlichen Ernährungsform ist das Überwiegen ungesunder Fette mit inflammatorischer Wirkung. Dabei handelt es sich überwiegend um mehrfach ungesättigte Omega-6-Fettsäuren pflanzlichen Ursprungs sowie um schädliche Transfette bzw. gehärtete Fette. Omega-6-Fettsäuren werden mit Entzündungen und einer Aktivierung des Immunsystems assoziiert. Zu den mehrfach ungesättigten Fettsäuren gehören auch Omega-3-Fettsäuren, die jedoch als antiinflammatorisch gelten. Unser Organismus ist so angelegt, dass diese beiden Fettsäuren in einem Verhältnis von 1 : 1 bis 1 : 5 (Omega-3 zu Omega-6) vorhanden sein sollten. Aufgrund der Überbetonung von Omega-6-Fetten in unserer Ernährung hat sich das Verhältnis von Omega-3- zu Omega-6-Fettsäuren stark verschoben und liegt inzwischen bei einer Relation von 1 : 10 bis 1 : 25, was als extrem entzündungsfördernd gilt.

In Experimenten mit Mäusen konnte nachgewiesen werden, dass ein zu hoher Konsum von Omega-6-Fettsäuren zu SIBO führen kann. Er kann auch zu einer Unterdrückung des Wachstums von probiotischen Bakterien der Stämme Bacteroidetes und Firmicutes und somit zum Leaky-Gut-Syndrom (Seite 27) führen. Diese beiden Bakteriengruppen machen zusammen 90 bis 95 Prozent der Darmflora aus und sollten in einem ausgewogenen Verhältnis zueinander vorhanden sein. Sie bieten Schutz vor pathogenen Keimen, sind beteiligt an der Bildung von Butyrat (Ernährung der Darmschleimhaut, antiinflammatorische Wirkung) und stärken somit die Darmbarriere.

Zu wenig gesunde Fette

Gesunde Fette wie Butter oder Schmalz sind in der westlichen Ernährungsweise nur unzureichend vertreten. Diese tierischen Fette sind seit Mitte der 70er-Jahre unberechtigterweise in Verruf geraten, zu erhöhten Cholesterinwerten und Herzerkrankungen zu führen. Deshalb wurde eine fettarme Diät propagiert. Die Lebensmittelindustrie reagierte auf diese Ernährungsempfehlungen mit der Herstellung von fettarmen, dafür aber zuckerreichen Produkten. Heute weiß man, dass gesättigte Fette das Risiko für Herzerkrankungen nicht erhöhen, wohl aber Zucker. Trotzdem ist die Fettphobie weit verbreitet und eine fettarme Ernährung wird noch immer von vielen Ärzten und den Medien empfohlen. Dabei wird meistens nicht zwischen gesunden und ungesunden Fetten differenziert und nicht berücksichtigt, dass gesundes Fett einen wichtigen Nährstoff darstellt und ganz wesentlich zum Erhalt unserer Gesundheit beiträgt. Fettsäuren stellen Bausteine für Zellmembranen, Hormone und hormonähnliche Substanzen dar. Sie sind notwendig, damit wir fettlösliche Vitamine sowie Mineralien aufnehmen können. Deshalb führt ein zu geringer Fettverzehr zu gravierenden Mangelerscheinungen, die wiederum mit Autoimmunerkrankungen in Verbindung stehen.

Zu wenig Gemüse und Obst

Während bei der westlichen Ernährungsweise sehr viele industriell verarbeitete Nahrungsmittel konsumiert werden, ist der Konsum von frischem Obst und Gemüse unzureichend und damit auch die Versorgung mit gesundheitsfördernden Ballaststoffen. Darunter leidet wiederum die Vielfalt unseres Mikrobioms, denn unsere Mikroorganismen ernähren sich von unseren Resten. Aus löslichen Ballaststoffen gewinnen Bakterien Energie und produzieren kurzkettige Fettsäuren wie Acetat, Propionat und Butyrat. Diese Fettsäuren stellen die wichtigsten Energielieferanten für Schleimhautzellen dar und stärken somit unsere Darmbarriere.

Schädliche Zusatzstoffe

Generell ist mit dem steigenden Verarbeitungsgrad von Nahrungsmitteln eine Verminderung ihres Nährstoffgehalts verbunden, während die Menge schädlicher Nahrungsmittelzusatzstoffe zunimmt.

Da bei der SCD fast alles selbst zubereitet wird, werden auch Nahrungsmittelzusatzstoffe, die dafür bekannt sind, den Darm und die Darm-Mikrobiota zu schädigen und das Immunsystem zu überfordern, eliminiert.

Emulgatoren können je nach ihrer Art zu einer Dysbiose führen oder Entzündungen im Darm hervorrufen, indem sie die Darmbarriere schädigen und es Bakterien ermöglichen, diese zu passieren. Das aus roten Meeresalgen gewonnene Carrageen zum Beispiel ist sowohl Verdickungsmittel als auch Emulgator. Aufgrund seiner extrem darmschädigenden Wirkung wird es in Tierexperimenten dazu eingesetzt, eine Colitis herbeizuführen, weil es eine Fehlregulation von Fresszellen und die Bildung von Geschwüren im Dickdarm begünstigt.

Sulfite können dazu führen, dass sich aggressive Bakterien im Darm vermehren und ihn angreifen.

Nanopartikel sind synthetische Komponenten, die Nahrungsmitteln als Farbverstärker oder Trennmittel hinzugefügt werden. Sie können die Integrität der Darmschleimhaut stören, zu Entzündungen führen und sogar die Darmschranke durchdringen. Nanopartikel können jedoch auch aus Verpackungsmaterialien in die Nahrung gelangen, weshalb so wenig abgepackte Nahrungsmittel wie möglich verzehrt werden sollten.

Da bei der SCD so gut wie überhaupt keine industriell hergestellten Lebensmittel erlaubt sind, entfallen schon einmal eine ganze Reihe darmschädigender Substanzen.

Vorzüge der SCD

Nach Einführung der SCD ernähren sich die meisten Betroffenen vielseitiger als vorher und essen mehr Gemüse und Obst.

Größere Bakterienvielfalt

Die veränderte Ernährung wirkt sich günstig auf die Artenvielfalt der Mikrobiota aus, die bei Patienten mit CED grundsätzlich reduziert ist. Die aufgenommenen Ballaststoffe werden von probiotischen Bakterien in kurzkettige Fettsäuren umgewandelt. Insbesondere das so entstandene Butyrat dient den Darmschleimhautzellen als hauptsächliche Energiequelle, pflegt das Darmepithelium und heilt den Darm.

In einer Studie konnte nachgewiesen werden, dass bei CED-Patienten, die sich gemäß der SCD ernährten, im Vergleich zur Kontrollgruppe höhere Butyratmengen vorhanden waren. Es konnte ein Wachstum von Bakterien der Gattung Lachnospira nachgewiesen werden, die kurzkettige Fettsäuren bilden. Kurzkettige Fettsäuren wirken sich auch positiv auf die Immuntoleranz aus, indem sie die Anzahl regulatorischer T-Zellen erhöhen.

Zufuhr von Mikronährstoffen

Gemüse und Obst enthalten auch zahlreiche Vitamine, Mineralien und Antioxidanzien. Letztere unterstützen den Organismus dabei, oxidative Schäden und damit Entzündungen unter Kontrolle zu halten.

In diesem Zusammenhang ist zu erwähnen, dass bei der SCD durch den stark reduzierten Verzehr von Kohlenhydraten und das Vermeiden von Zucker die Produktion von Oxidanzien reduziert wird und damit auch die Produktion inflammatorischer Zytokine. Durch die Eliminierung von Getreide und zuckerreichen Fertigprodukten wird die glykämische Last herabgesetzt und damit auch die Entzündungsaktivität, die bei Patienten mit Autoimmunerkrankungen erhöht ist.

Wertvolle Proteine und Fette

Fleisch, Geflügel und Fisch stellen eine hervorragende Proteinquelle dar und haben den höchsten Gehalt an Vitaminen, Aminosäuren, nahrhaften Fetten, zahlreichen Mineralien und anderen Nährstoffen.[6] Auch wenn rotes Fleisch, von dem aufgrund seines hohen Gehalts an Omega-6-Fettsäuren eine proinflammatorische Wirkung ausgeht, nicht im Übermaß verzehrt werden sollte, stellt es eine ausgezeichnete Quelle für Eisen, Vitamin B und andere Nährstoffe dar, die zur Behandlung von Anämie erforderlich sind. Gerade bei Patienten mit Erkrankungen des Darmtraktes liegt häufig ein Eisenmangel vor.

Laut Prof. Suskind wird davon ausgegangen, dass die mit Fleischverzehr verbundenen Vorteile die damit verbundenen Risiken überwiegen. Deshalb werde bei der SCD der Verzehr von Fleisch empfohlen. Eine unveröffentlichte Studie habe gezeigt, dass es Patienten nicht gelang, ihre CED-Symptome zu reduzieren, die sich zwar gemäß der SCD ernährten, dabei aber nur wenig tierisches Protein verzehrten.[7]

Hühnerfleisch hat sehr viele gesundheitsfördernde Eigenschaften. Unter anderem unterstützt es die Reduzierung proinflammatorischer Zytokine und wirkt dadurch antiinflammatorisch. Sein Reichtum an der essenziellen Aminosäure Triptophan trägt dazu bei, die Stimmung zu heben, Depressionen und Schlafstörungen entgegenzuwirken und Heißhungerattacken zu kontrollieren.

Eine Diät, die reich an Fisch und Fischöl ist, kann dazu beitragen, die Balance zwischen antiinflammatorischen Omega-3-Fettsäuren und proinflammatorischen Omega-6-Fettsäuren zu verbessern. Prof. Suskind weist darauf hin, dass insbesondere Lachs antiinflammatorische, bioaktive Peptide beinhaltet, die im Tierversuch mit Ratten dazu beitrugen, CED-Symptome zu lindern.

Eier – gut für das Immunsystem

Dr. Campbell-McBride betont, dass Fleisch, Geflügel und Fisch und insbesondere die darin enthaltenen Fette und das Kollagen eine heilende Wirkung auf den Darm haben.

Wenn sie gut vertragen werden, stellen auch Eier, die bei der SCD in großzügigen Mengen verzehrt werden dürfen, eine hervorragende Nährstoffquelle dar. Das Eigelb enthält fast alle essenziellen Aminosäuren, zahlreiche Vitamine (wie B_1, B_2, B_6, B_{12}, A, D und Biotin), Zink und Magnesium, woran es Patienten mit chronisch-entzündlichen Darmerkrankungen häufig fehlt. Eier enthalten sehr viel Vitamin B_{12}, das essenziell für ein gut funktionierendes Immunsystem und Nervensystem ist.

Außerdem enthalten sie sehr viel Cholesterin, das unberechtigterweise in Verruf geraten ist, denn Cholesterin ist ein unentbehrlicher Baustein für unseren gesamten Organismus und für ein voll funktionsfähiges Immunsystem.

Heilsamer SCD-Joghurt

SCD-Joghurt wird eingesetzt, weil die darin enthaltene Milchsäure eine heilende und beruhigende Wirkung auf die Darmschleimhaut hat. Die darin vorkommenden freundlichen Bakterien siedeln sich im Darm an und sorgen dafür, dass die Darmflora langsam wieder in ihr gesundes Gleichgewicht zurückfindet. Darüber hinaus stellt dieser Joghurt eine nahrhafte und leckere Kalorienquelle dar.

Da für manche Personen nicht nur die in der Milch enthaltene Laktose problematisch ist (Laktoseintoleranz), sondern auch andere Milchbestandteile wie zum Beispiel Casein-Proteine, sollte in diesem Fall Joghurt aus Mandelmilch, Kokosmilch oder eventuell auch aus Ziegenmilch hergestellt werden, wenn diese Zutaten besser als Kuhmilch vertragen werden.

Die positive Wirkung, die vom SCD-Joghurt ausgeht, kann gar nicht hoch genug eingeschätzt werden. Der Gastroenterologe Dr. Samir Kakodkar konnte in einer seiner Studien zur Wirkungsweise der SCD nachweisen, dass 88 Prozent der Patienten, denen es durch die SCD gelungen war, ihre Medikamente abzusetzen, SCD-Joghurt verzehrten. Manche von ihnen benutzten zur Herstellung des Joghurts auch Ziegenmilch oder Kokosmilch. 67 Prozent dieser Patienten aßen den Joghurt täglich. 52 Prozent von ihnen nahmen auch noch zusätzlich probiotische Nahrungsergänzungsmittel ein.[8]

Der selbstgemachte SCD-Joghurt wird in der Regel aus Kuhmilch hergestellt und für mindestens 24 Stunden fermentiert. Dadurch wird gewährleistet, dass die in der Milch vorhandene Laktose (Milchzucker) von den hinzugefügten Milchsäurebakterien vollständig verzehrt und in Milchsäure umgewandelt wird. Die Milchsäurebakterien vermehren sich und stehen dem Patienten in konzentrierter Form als Probiotika zur Verfügung. SCD-Joghurt enthält außerdem zahlreiche Vitamine und aktive Enzyme. Ein Rezept für SCD-Joghurt finden Sie im Kapitel »Selbstgemachte SCD-Zutaten« (Seite 68).

Ei ist nicht gleich Ei

Achten Sie darauf, dass Sie nur Eier von hoher Qualität, das heißt aus Freilandhaltung und in Bio-Qualität, verzehren. Sie tun damit nicht nur den Hühnern, sondern auch sich selbst einen Gefallen. Diese Eier enthalten im Vergleich zu Eiern aus Legebatterien zwei Drittel mehr Vitamin A, 3-mal mehr Vitamin E, doppelt so viele Omega-3-Fettsäuren und 7-mal mehr Beta-Carotin.

Kommerzieller Joghurt ist nicht geeignet, da er nicht lange genug fermentiert wird und deshalb immer noch Milchzucker enthält. Außerdem wird er nach dem Fermentieren meistens pasteurisiert, was dazu führt, dass die probiotischen Bakterien absterben und die Vitamine und Enzyme zerstört werden.

Die SCD als eine wirklich glutenfreie Diät

Auch wenn es in dem vorliegenden Buch vorrangig um die SCD-Therapie bei CED-Patienten geht, möchte ich noch einmal kurz auf die Zöliakie eingehen, für deren Behandlung die SCD nach wie vor eine sinnvolle Therapieoption darstellt. Denn obwohl Zöliakie-Patienten heutzutage lediglich zu einer sogenannten »glutenfreien Diät« geraten wird, können zahlreiche Zöliakie-Betroffene damit keine vollständige Heilung ihres Darms erreichen. Hierfür können sicherlich verschiedene Gründe in Betracht gezogen werden; zwei Aspekte möchte ich hier jedoch aufgreifen.

Es werden eine Reihe industriell hoch verarbeiteter Lebensmittel mit der Bezeichnung »glutenfrei« angeboten, die sehr teuer und nicht unbedingt gesund sind. Der weltweit anerkannte Experte auf dem Gebiet der funktionellen Medizin, Weizensensitivität und Autoimmunität Dr. Tom O'Bryan erklärt, dass diese Produkte nicht wirklich glutenfrei seien, sondern lediglich kein Alpha-Gliadin enthielten. Dieses ist jedoch nur eines von mehr als 60 Glutenpeptiden, auf die das Immunsystem einer dafür prädisponierten Person mit Entzündungen und einer Autoimmunantwort reagieren kann. Es besteht also die Gefahr, dass man vermeintlich glutenfreie Lebensmittel verzehrt, die trotzdem Glutenpeptide enthalten.[9] Nur die Hälfte der Zöliakiepatienten reagiert auf Alpha-Gliadin, und bei einem Standard-Zöliakie-Bluttest wird auch nur darauf getestet. Das heißt, dass bei 50 Prozent der Patienten ein falsches Ergebnis möglich ist und sie durchaus auf Gluten reagieren können, auch wenn von ihrem Arzt das Gegenteil bestätigt wurde.[10]

Die SCD schließt nicht nur industriell hergestellte Lebensmittel und somit auch die sogenannten »glutenfreien« Produkte aus, sondern auch Glutenproteine jeglicher Art. Hinzu kommt, dass sie Zweifach- und Mehrfachzucker (Stärke) eliminiert. Elaine Gottschall war davon überzeugt, dass nicht nur Gluten für die intestinalen Probleme von Patienten mit Zöliakie und anderweitigen Darmentzündungen verantwortlich sei, sondern auch das Zusammenwirken von Gluten mit komplexeren Kohlenhydraten wie Zweifachzuckern oder Stärke. Diesbezüglich erklärte sie: »Es konnte gezeigt werden, dass sich mit der Speziellen Kohlenhydrat-Diät, wenn sie mindestens für ein Jahr befolgt wird, die meisten Zöliakiefälle kurieren lassen. Sie ist eine wahrhaftig glutenfreie Diät, die alle Getreidearten eliminiert, die Gluten oder glutenähnliche Proteine enthalten. Gleichzeitig wird sie den Einschränkungen einer verletzten Darmoberfläche gerecht. Für Patienten, die eine ›glutenfreie Diät‹ befolgen und nicht mit den Fortschritten ihrer Genesung zufrieden sind, bietet die Spezielle Kohlenhydrat-Diät eine Chance, wieder gesund zu werden.«[11]

Im Zusammenhang mit der Zöliakie möchte ich auch noch erwähnen, dass dem Kardiologen, Präventionsmediziner und Autor von »Weizenwampe: Warum Weizen dick und krank macht« Dr. William Davis zufolge das Risiko, an einer CU oder an MC zu erkranken, bei Zöliakie-Patienten um das 86-Fache erhöht ist. Ich bin mir nicht sicher, inwiefern dies den Umkehrschluss zulässt, dass CED-Patienten möglicherweise auch unter einer Zöliakie leiden.

Aus den Erfahrungen meines Sohnes kann ich jedoch sagen, dass bei ihm sehr viele Symptome, die auf eine Glutenunverträglichkeit schließen lassen können, bereits wenige Tage nach seiner Ernährungsumstellung komplett verschwunden waren. Da er mit der SCD kein Gluten mehr verzehrt, ist es jetzt jedoch nicht mehr möglich, eine Glutenunverträglichkeit bei ihm nachzuweisen, jedenfalls nicht über den üblichen Alpha-Gliadin-Antikörper-Bluttest. Denn diese Antikörper hätte er nur, wenn er Gluten verzehren und sein Immunsystem auf Alpha-Gliadin reagieren würde. Sicherheitshalber versuche ich jedoch, eine Glutenkontamination seines Essens zu vermeiden, wie zum Beispiel durch Brotkrümel anderer Familienmitglieder oder Besteck, das vorher mit glutenhaltigen Lebensmitteln in Kontakt war. Denn falls er nicht nur unter einer Colitis ulcerosa, sondern auch unter einer Zöliakie leidet, ist für ihn nicht nur ein lebenslanger Glutenverzicht notwendig, sondern auch Vorsicht bei geringsten Spuren von Gluten geboten.

Die SCD und/oder Medikamente

Mit der SCD lassen sich hervorragende Ergebnisse erzielen und es gibt CED-Patienten, bei denen sie zum vollständigen Verschwinden aller Symptome geführt hat. Es gibt jedoch auch Betroffene, bei denen sie dies nicht erreichen konnte. Manche Patienten können ihre Medikamente komplett absetzen, während sie sich gemäß der SCD ernähren. Andere behalten ihre Medikamente bei oder können sie zumindest im Lauf der Zeit reduzieren. Es ist hilfreich, wenn Ihr Gastroenterologe oder Ihre Gastroenterologin ein offenes Ohr für eine diätetische Intervention hat und dazu bereit ist, sich mit der SCD auseinanderzusetzen und Sie auf Ihrem Weg zu begleiten. Es kann sicherlich auch von Vorteil sein, sich zusätzlich eine erfahrene Ernährungsberaterin mit ins Boot zu holen.

Prof. Suskind vom Seattle Children's Hospital rät Colitis-ulcerosa-Patienten davon ab, die SCD als primäre Therapie anzuwenden, wenn sie im Krankenhaus behandelt werden müssen, Bluttransfusionen benötigen und eine schwere Colitis vorliegt. Indikatoren für eine schwere Erkrankung sind die Anzahl der täglichen Stuhlgänge, die darin vorhandenen Blutmengen, Stuhlgänge in der Nacht, Bauchschmerzen und Energiemangel. Prof. Suskind betont ausdrücklich, dass es bei einer schweren Colitis erforderlich sei, den Patienten möglichst schnell in eine Remission zu bringen, und zwar mit Medikamenten.

Bei Morbus-Crohn-Patienten mit starken Durchfällen und Schmerzen und einem komplizierten Krankheitsverlauf wie dem Auftreten von Verengungen, Fistelbildungen und Abszessen rät Prof. Suskind ebenfalls davon ab, die SCD als alleinige therapeutische Maßnahme einzusetzen. Abszesse und Fisteln müssen mit einer medikamentösen Standard-Therapie behandelt werden, da diese Symptome sonst weiter voranschreiten und Operationen erforderlich machen können.

Das heißt nicht, dass von der SCD abgeraten wird, sondern es bedeutet nur, dass Prof.

Suskind in diesen Fällen die SCD zusammen mit einer medikamentösen Standard-Therapie einsetzen und sich nicht allein auf die Diät verlassen würde. Beide Therapien zusammen können einen synergistischen Effekt erzielen. Wenn eine Besserung der Krankheitsaktivität und der Symptome eintritt, kann die SCD eine immer größere Rolle in der Behandlung einnehmen und es ermöglichen, die Medikamente allmählich zu reduzieren oder komplett abzusetzen.

Prinzipiell kann die SCD zu einer besseren Gesundheit und Lebensqualität der Patienten führen, in Kombination mit Medikamenten oder als alleinige Maßnahme. Eine Reduzierung der Medikamente sollte jedoch unbedingt in Absprache mit der behandelnden Ärztin oder dem behandelnden Arzt erfolgen. Eine erfolgreiche Behandlung mit der SCD sollte auch nicht dazu führen, dass Sie den Kontakt zu Ihrer Gastroenterologin oder Ihrem Gastroenterologen abbrechen. Eine ärztliche Kontrolle ist weiterhin sinnvoll und notwendig. Obwohl er ein großer Befürworter der SCD ist, erklärt der Gastroenterologe Dr. Samir Kakodkar, Colitis ulcerosa und Morbus Crohn seien keine »DIY-(Do it yourself)-Erkrankungen«.[12]

Für welches Patientenprofil eignet sich die SCD?

Die SCD ist ganz bestimmt keine Lösung für jeden Patienten. Um eine Remission erreichen zu können, ist die hundertprozentige Befolgung der Vorgaben erforderlich. Die Ernährungsumstellung verlangt sehr viel Disziplin und vor allem die zuvor geleistete Auseinandersetzung mit der Diät. Betroffene müssen sie wirklich anwenden wollen und auch daran glauben, dass sie ihnen helfen kann.

Die Zubereitung der Speisen beansprucht sehr viel Zeit, Arbeit und Energie. Zudem ist häufiges Einkaufen erforderlich, da frische Zutaten verarbeitet werden. Nicht jeder kann dies leisten, und insbesondere wenn man sich sehr geschwächt fühlt, ist es relativ unrealistisch, all dies allein bewältigen zu können. Wenn die Umsetzung der Diät zu viel zusätzlichen Stress für einen Patienten bedeutet, ist sie einer Genesung nicht unbedingt förderlich. Im Optimalfall finden Sie Personen, die bereit sind, Sie zu unterstützen.

Sicherlich ist es auch hilfreich, mit der Diät nicht unbedingt während eines akuten Krankheitsschubs zu beginnen, sondern in einer Phase mit geringerer Krankheitsaktivität.

Anfangs kann man sich mit der Zubereitung der Mahlzeiten und allem, was dazu gehört, leicht überfordert fühlen. Mit zunehmender Erfahrung und wachsendem Vertrauen in die neue Ernährungsweise wird sie jedoch immer mehr zur Normalität und ihre Umsetzung wird einfacher.

Die SCD wirkt nicht über Nacht; Patienten müssen sehr viel Geduld aufbringen. Dies kann für manche Menschen, besonders in unserer heutigen Zeit, in der fast alles auf Knopfdruck funktioniert, sehr schwierig sein. Wenn Sie das Gefühl haben, dass die SCD nicht in Ihr Leben passt und Sie deshalb einer rein medikamentösen Therapie den Vorzug geben, sollten Sie deshalb keine Schuldgefühle haben. Vielleicht ist es zu einem späteren Zeitpunkt einfacher für Sie, einen Einstieg zu erwägen.

Wenn Sie sich jedoch zur Durchführung der SCD entschlossen haben und diese beibehalten, auch wenn es Ihnen manchmal schwerfällt, dann klopfen Sie sich ruhig auch mal selbst auf die Schulter und loben Sie sich für Ihr Durchhaltevermögen. Dasselbe gilt umso mehr für Ihr Kind, wenn dieses betroffen ist und sich gemäß der SCD ernährt.

Kinder und SCD

Die SCD ist für Kinder geeignet und wird mit sehr großem Erfolg bei jungen Patienten eingesetzt. Kinder sollten jedoch auf keinen Fall zu dieser Diät gezwungen werden. Es ist wichtig, dass ein Kind den Sinn und Zweck der Diät begreift. Wenn es die SCD nicht von sich aus akzeptiert, können Sie auch nicht davon ausgehen, dass es sie einhält, insbesondere nicht außer Haus, wo die Kontrolle durch die Eltern wegfällt. Selbstverständlich dürfen sich auch die Eltern nicht zu Ausnahmen hinreißen lassen, denn eine absolut strikte Befolgung der Diät ist die Voraussetzung für ihren Erfolg.

Prinzipiell müssen Sie darauf achten, dass sich Ihr Kind innerhalb der Diät vielfältig ernährt und ausreichend mit allen Nährstoffen versorgt ist. Insbesondere bei Kindern besteht die Gefahr, dass sie überwiegend Süßes essen, wie Pfannkuchen, Muffins oder Waffeln, und nicht genug Gemüse oder andere erlaubte Lebensmittel verzehren. Dies muss unbedingt vermieden werden. Lassen Sie ärztlich überprüfen, dass Ihr Kind wächst, sich gut entwickelt und kein Gewicht verliert.

Eltern von Kindern auf der SCD sind mit zahlreichen Herausforderungen konfrontiert, für deren Lösung spezielle Strategien entwickelt werden müssen. Vor allem sollten Sie Ihrem Kind mit sehr viel Liebe und Verständnis begegnen. Die meisten Kinder wollen so sein wie andere Kinder. Deshalb kann es schwer sein, sich anders ernähren zu müssen, sich dadurch abzuheben und Aufmerksamkeit auf sich zu ziehen. Es ist daher wichtig, das Selbstbewusstsein des Kindes zu stärken. Ihr Kind muss lernen, höflich, aber bestimmt Nein zu sagen und auch dabeizubleiben, wenn ihm etwas angeboten wird, das es nicht essen darf. Neinsagen zu können ist eine wichtige Fähigkeit, von der es auch in seinem späteren Leben profitieren wird.

Wie lange dauert es, bis die SCD wirkt?

Diese Frage lässt sich nicht generell beantworten. Ob die SCD wirkt, erkennt man an verschiedenen Kriterien: Ganz subjektiv an einer Besserung des allgemeinen Befindens und am Abklingen der Symptome. Die Laborwerte sollten diese Fortschritte in der Genesung widerspiegeln. Der letztliche Erfolgsindikator liegt in der Heilung der Darmschleimhaut, die mithilfe einer Endoskopie oder Koloskopie nachgewiesen werden kann.[13]

Manche Patienten erkennen bereits nach wenigen Tagen eine Verbesserung ihres Befindens, was möglicherweise auch mit einer bestehenden Glutenunverträglichkeit oder Glutensensitivität zusammenhängen kann. In den meisten Fällen zeigen sich positive Ergebnisse nach zwei bis vier Wochen.

Elaine Gottschall schlug in ihrem Buch vor, die SCD zunächst einmal für vier Wochen auszuprobieren. Innerhalb dieser Zeit sollten sich positive Veränderungen zeigen, die Betroffene dazu ermutigen, die Diät beizubehalten. Wenn sich nach dieser Zeit gar keine Besserung zeige, sei die Diät möglicherweise nicht das Richtige. Dies solle jedoch niemanden davon abhalten, sich weiterhin gemäß der SCD zu ernähren.

Bis zu einer kompletten Remission von Symptomen kann es mehrere Monate, ein Jahr oder sogar mehrere Jahre dauern. Gottschall wies darauf hin, dass Morbus-Crohn- oder Colitis-ulcerosa-Patienten die SCD mindestens zwei Jahre befolgen sollten. Als eine grobe Regel sagte sie, die Diät solle nach dem Verschwinden der letzten Symptome mindestens noch für ein weiteres Jahr beibehalten werden.

Wenn Sie versuchen, ausschließlich mithilfe der SCD eine Verbesserung Ihrer Symptome zu erreichen und sich Ihr Zustand verschlechtert, statt sich zu verbessern, sollten Sie zusätzlich oder alternativ eine medikamentöse Therapie erwägen.

Wiedereinführung unerlaubter Nahrungsmittel

Wenn die Zeit gekommen ist, dürfen zuvor eliminierte Nahrungsmittel nach und nach wieder eingeführt werden. Gottschall empfiehlt, immer nur ein neues Nahrungsmittel pro Woche auszuprobieren und mit einer sehr kleinen Menge zu beginnen, die jeden Tag etwas gesteigert wird. Wenn diese Zutat gut vertragen wurde, kann in der darauffolgenden Woche ein weiteres zuvor verbotenes Nahrungsmittel getestet werden. Auf diese Weise ist allmählich eine Rückkehr zu einer weniger eingeschränkten Ernährungsweise möglich. Wenn nach dem Einführen zuvor eliminierter Lebensmittel wieder Krankheitssymptome auftreten, sollte die SCD noch länger beibehalten werden.

Gottschalls Tochter ernährte sich sieben Jahre lang gemäß der SCD, obwohl sie bereits nach zwei Jahren symptomfrei war. Da Dr. Haas zwei Jahre nach ihrem ersten Zusammentreffen verstorben war, wussten die Gottschalls nicht, wie lange Judy die Diät fortführen sollte. Elaine Gottschall erklärte, dass sie und ihre Tochter die Diät permanent zu 85 Prozent beibehielten.[14] Gottschall rät Patienten davon ab, zu einer Ernährungsweise zurückzukehren, die zuckerreich ist und Weißmehl enthält. Diese Nahrungsmittel sind nährstoffarm, schädigen das Immunsystem und machen den Darm anfällig für Infektionen.

Prof. Suskind empfiehlt bezüglich des Wiedereinführens unerlaubter Nahrungsmittel ein wesentlich vorsichtigeres Vorgehen. Ihm zufolge ist es für manche Patienten überhaupt nicht ratsam, wieder unerlaubte Nahrungsmittel zu verzehren. Es bestehe nicht nur die Gefahr eines erneuten Krankheitsschubs, sondern die Selbstdisziplin der Patienten könne darunter leiden, und sie könnten dadurch die Kontrolle über ihre Ernährungsweise verlieren.

Prof. Suskind rät dazu, vor dem Einführen eines neuen Nahrungsmittels einen Stuhltest auf Calprotectin durchzuführen, um so Aufschluss über eine etwaige Entzündungsaktivität im Darm zu erhalten. Einen Monat nach Einführung einer unerlaubten Zutat sollte ein erneuter Stuhltest gemacht werden. Wenn sich der Calprotectin-Wert erhöht hat, sollte dieses Nahrungsmittel wieder eliminiert werden. Dieses Vorgehen wäre sicherlich ideal, aber in der Praxis halte ich es für schwer umsetzbar.

Tipps für die SCD

Wann fange ich am besten mit der SCD an? Wie sieht die Einführungsdiät aus? Was darf ich danach essen? Was ist verboten? Antworten finden Sie in diesem Kapitel.

Sie wollen den Versuch wagen und sich nach der SCD ernähren? Super! Bevor Sie starten, lesen Sie die nützlichen Hinweise auf den nächsten Seiten. Am Anfang mag es viel und vielleicht auch verwirrend sein – lassen Sie sich nicht abschrecken, nach und nach werden Sie sich hineinfinden.

Bevor es losgeht

Warten Sie den richtigen Zeitpunkt für den Diätbeginn ab, denn wenn Sie sich voller Hoffnung und Vertrauen fühlen, werden Sie eher erfolgreich sein. Sprechen Sie mit Ihrer Familie und Ihren Freunden über die SCD. Erklären Sie kurz, worum es dabei geht, und bitten Sie um Unterstützung bei Ihrem Vorhaben.

Wenn Sie die einzige Person im Haushalt sind, sollten Sie vor Diätbeginn erwägen, unerlaubte Lebensmittel zu verschenken oder wegzuwerfen, vor allem solche, die eine Versuchung für Sie darstellen könnten. Kaufen Sie Zutaten ein, die Sie auf alle Fälle benötigen werden und die Sie lagern oder einfrieren können.

Achten Sie besonders in der Umstellungsphase zu Beginn der Diät darauf, dass Sie immer ausreichend erlaubte Kost zur Verfügung haben. Dann ist die Gefahr geringer, dass Sie aus der Not heraus doch zu etwas Unerlaubtem greifen. Konzentrieren Sie sich am Anfang lieber darauf, eine begrenzte Anzahl von Gerichten zuzubereiten, auf die Sie sich verlassen können. Im Lauf der Zeit können Sie mit zunehmender Erfahrung Ihr Repertoire erweitern und kompliziertere Rezepte in Angriff nehmen.

Wenn es Ihr Gesundheitszustand erlaubt, sorgen Sie für ausreichende Bewegung an der frischen Luft. Dies ist nicht nur der mentalen Gesundheit förderlich, sondern reduziert auch Zytokine, die mit Entzündungen assoziiert sind. Außerdem unterstützt es die Vielfalt Ihres Mikrobioms.

Denken Sie darüber nach, welche Lebensmittel Sie gut mitnehmen und außer Haus verzehren können. Die SCD sollte Ihre Teilhabe am gesellschaftlichen Leben auf keinen Fall einschränken. Wenn Sie zu einer Feier eingeladen sind, dann essen Sie entweder vorher oder bringen Sie etwas mit, das nicht nur Sie, sondern auch andere Gäste verzehren können. Fokussieren Sie sich darauf, dass der Anlass und die Gesellschaft der anwesenden Personen wichtiger für Sie sind als der Verzehr bestimmter Speisen.

Sinnvolle Anschaffungen

Da Sie sehr viel kochen werden, benötigen Sie möglicherweise mehr Küchenzubehör und Geräte als Sie bereits haben. Hier eine kleine Übersicht:

- Überlegen Sie, ob Sie ausreichende Mengen an Küchenutensilien haben, zum Beispiel gute Messer, Schneidebrettchen, Kochtöpfe, verschließbare Plastik- oder Glasbehältnisse sowie Schüsselchen für wiederverwertbare Reste.
- Sie werden unbedingt einen Joghurtbereiter für den SCD-Joghurt benötigen. Ein Gerät mit Timer ist nur vorteilhaft, wenn man es auf 24 Stunden einstellen kann, weil sich sonst das Gerät vor dem Ende der vorgesehenen Zubereitungszeit ausschaltet. Das Gerät sollte außerdem möglichst keine Temperaturschwankungen aufweisen.[15]
- Wenn Sie Nussmehle selbst herstellen wollen, benötigen Sie dafür eine geeignete Küchenmaschine.
- Die Anschaffung eines elektrischen Waffeleisens kann ebenfalls sinnvoll sein.
- Zum Garen von Gemüse benutze ich häufig und gerne einen Etagendampfgarer, weil es sich damit sehr einfach und schonend zubereiten lässt.
- Wenn Sie Spaghetti aus Gemüse (»Zoodles«) zubereiten wollen, ist ein Spiralschneider empfehlenswert.

Was darf ich wann essen?

Gottschall gibt in ihrem Buch keine festen Zeitstufen vor, weil die Diät eine sehr individuelle Angelegenheit und jeder Patient verschieden sei. Prinzipiell besteht die SCD jedoch aus einer Einführungsphase, aus der vollen Diät und einer Auslaufphase.

Auf den Bauch hören

Machen Sie die einzelnen Schritte der Diät an Ihrem persönlichen Befinden fest, d. h. an Indikatoren wie der Häufigkeit und Heftigkeit von Durchfällen, Krämpfen und anderen abdominalen Beschwerden. Bestimmte Nahrungsmittel dürfen auf keinen Fall am Anfang der Diät verzehrt werden, auch wenn sie prinzipiell erlaubt sind. Deshalb ist es essenziell, den richtigen Zeitpunkt abzuwarten, auf seine Symptome zu achten und auf sein Bauchgefühl zu hören.

SCD-Tagebuch führen

Es ist empfehlenswert, ein SCD-Tagebuch zu führen, insbesondere im ersten Monat der Diät. Darin halten Sie fest, was Sie an einem Tag gegessen haben, welche Symptome aufgetreten sind und wie stark diese waren. Auf diese Weise können Sie etwaige Reaktionen auf bestimmte Lebensmittel besser zurückverfolgen. Am Ende des Monats können Sie ein Resümee über die erreichten Fortschritte ziehen und entscheiden, ob Sie die Diät weiterhin beibehalten möchten.

Nichts Verbotenes essen

Prinzipiell gilt, dass nur erlaubte Lebensmittel gegessen und getrunken werden dürfen. Diese Vorschrift muss laut Gottschall mit fanatischer Strenge befolgt werden. Selbst die kleinste Ausnahme, wie nur einmal am Eis schlecken oder ein kleines Eckchen Pizza essen, ist nicht erlaubt. Wenn es jedoch zu einer Abweichung gekommen ist, dann machen Sie weiter wie gehabt und versuchen Sie in Zukunft, mehr Selbstdisziplin aufzubringen.

Es dürfen nur solche Kohlenhydrate verzehrt werden, die in den erlaubten Obst- und Gemüsesorten, den aufgelisteten Nusssorten, in Honig und in dem sachgemäß hergestellten SCD-Joghurt vorkommen. Sämtliche Getreide- und Pseudogetreidearten und daraus hergestellte Produkte, weißer oder brauner Zucker sowie Süßstoffe sind verboten.

Es dürfen auch nur diejenigen industriell hergestellten Lebensmittel verzehrt werden, die ausdrücklich erlaubt sind. Prinzipiell sind Zutatenlisten auf industriell hergestellten Produkten nicht unbedingt zuverlässig, weil nicht immer alle enthaltenen Inhaltsstoffe angegeben sind. Im Zweifelsfall lohnt es sich, beim Hersteller nachzufragen.

Erlaubte Milchprodukte

Die SCD schließt Milch und eine Vielzahl industriell hergestellter Milchprodukte aus. Zu den erlaubten Milchprodukten gehören der selbstgemachte SCD-Joghurt, der jedoch genau nach Rezept (Seite 68) zubereitet werden muss, die aufgelisteten Käsesorten und eine Art Hütten- bzw. Frischkäse (der sogenannte »dry curd cottage cheese«), den man aber meines Wissens in Deutschland nicht kaufen kann. Er sollte auf keinen Fall mit dem ganz normalen Hütten- oder Frischkäse verwechselt werden, denn im Gegensatz zu diesem enthält er keine Milch oder Sahne und auch keinen Milchzucker. Da er jedoch für viele Rezepte in Gottschalls Buch verwendet wird, gebe ich Ihnen eine Anleitung dafür, wie man aus dem SCD-Joghurt ein ähnliches Produkt (SCD-Frischkäse, Seite 72) herstellen kann.

Nüsse und Nussmehle

Nüsse und Nussmehle sind ebenfalls ein wichtiger Bestandteil der SCD. Sie eignen sich jedoch erst zum Verzehr, wenn kein Durchfall mehr besteht. Backwaren mit Nussmehlen sollten nicht in übermäßigen Mengen gegessen werden (zum Beispiel nicht mehr als vier Muffins pro Tag). Eine Tasse Mandelmehl enthält etwa 100 Mandeln, die selbst ein gesunder Mensch nur schwer verdauen kann. Nüsse sollten auch deshalb nicht im Übermaß verzehrt werden, weil sie die Omega-6- zu Omega-3-Balance verschieben können.

Naturbelassene Nüsse dürfen als Zwischenmahlzeit gegessen werden und müssen gut gekaut werden. Von fertiggekauften gesalzenen Nussmischungen und geschälten Erdnüssen sollten Sie absehen, da diese häufig auch Stärke enthalten.

Erlaubte Fette

Da bei der SCD nur sehr wenige Kohlenhydrate verzehrt werden, ist es sinnvoll, die fehlenden Kalorien durch den vermehrten Verzehr gesunder Fette zu ersetzen. Fett macht satt und reduziert Heißhunger auf Süßes. Wer Probleme mit der Fettverdauung hat, muss eventuell Verdauungsenzyme einnehmen. In der Regel werden die erlaubten Fette jedoch sehr gut vertragen.

Die SCD gestattet auch Fette, die nicht unbedingt gesund sind, wie mehrfach ungesättigte Pflanzenöle (zum Beispiel Maiskeimöl, Sojaöl oder Sonnenblumenöl). Als gesunde Fette gelten heute – entgegen der jahrzehntelangen negativen Propaganda – gesättigte, tierische Fette wie Talg, Schweineschmalz, Butter, Ghee und Entenfett.[16] Diese sollten von Tieren aus artgerechter Haltung stammen. Prinzipiell sollten Sie bei allen Fetten, die Sie verwenden, möglichst auf Bio-Qualität achten.

Auch Kokosöl gehört zu den gesunden gesättigten Fetten. Gesättigte Fette sind alle sehr stabil und können hoch erhitzt werden, weshalb sie sich auch hervorragend zum Kochen eignen. Sie stellen eine gesunde Energiequelle dar, deren Verzehr den Körper nicht mit oxidativem Stress belastet. Kokosfett besitzt zudem eine antivirale und antibakterielle Wirkung.

Vegetarische SCD-Variante

Gottschall erklärt, dass es zwar möglich sei, sich mit einer vegetarischen Variante der SCD zu ernähren. Es sei jedoch problematisch, ausreichende Mengen an Kalorien, Vitaminen und Nährstoffen zu sich zu nehmen, weil die Diät auch Sojaprodukte eliminiert, die bei Vegetariern eine sehr beliebte Alternative zu tierischem Fett und Eiweiß darstellen. Ich halte die Durchführung einer vegetarischen SCD-Variante für sehr unrealistisch.

Zu den gesunden Fetten gehören auch Olivenöl und Avocadoöl, die einfach ungesättigte Fettsäuren enthalten.[17] Diese Fette sind weniger stabil und bei Zimmertemperatur flüssig. Beide Öle haben eine antiinflammatorische Wirkung.

Nur hochwertiges Olivenöl

Bei Olivenöl sollten Sie auf sehr gute Qualität achten. Nur Olivenöl mit der Bezeichnung »natives Olivenöl Extra« (»Extra Vergine Olivenöl«) kann dem Menschen von gesundheitlichem Nutzen sein. Billiges Olivenöl, das es für weniger als vier Euro pro Liter im Supermarkt gibt, kann diese Qualität nicht haben. Olivenöl sollte nicht hoch erhitzt werden, weil sich sonst freie Radikale bilden, die gesundheitsschädigend sind. Außerdem gehen durch das Erhitzen die wertvollen Eigenschaften des Öls verloren. Dasselbe gilt für Avocadoöl, das reich an Vitaminen und Antioxidanzien ist. Beide Öle sollten kalt verzehrt werden, d. h. als Salatsauce oder über gekochtes Gemüse geträufelt.

Die Einführungsdiät

Die Anfangsphase ist vielleicht die wichtigste und kritischste Zeit der Diät, weil sie darüber entscheiden kann, ob man damit Erfolg hat oder nicht, ob man die SCD fortsetzt und diese wertvolle Chance für sich nutzen kann. Darüber hinaus stellt sie bei einem akuten Krankheitsschub eine Art Rettungsanker dar. Prof. Suskind rät dazu, bei einem akuten Krankheitsschub immer wieder zur Einführungsdiät, die er auch »anti-inflammatorische Diätstufe« nennt, zurückzukehren. Deshalb möchte ich mich dieser Phase ganz besonders widmen und dafür sorgen, dass Sie einen guten Start haben.

Ich versuche, besonders viele Informationen zu bündeln und beziehe mich dabei nicht nur auf Elaine Gottschalls »Breaking the Vicious Cycle«, sondern auch auf Prof. Suskinds NIMBAL-Therapie und Dr. Campbell McBrides GAPS-Diät. Die ersten Diättage werden jeweils etwas unterschiedlich gehandhabt und ich hoffe, dass dies niemanden verunsichert. Diese Tatsache spiegelt nur wider, dass jede Patientin und jeder Patient verschieden sind und dass sie unterschiedliche Bedürfnisse haben.

Frisch zubereiteter Ingwertee

Mehrmals täglich 1 TL klein gewürfelten oder geriebenen Ingwer und 1 Msp. Zimt (optional) mit kochendem Wasser übergießen, 5–10 Min. ziehen lassen, abseihen und sehr warm trinken. Wenn kein Candida-Befall besteht, darf auch mit etwas Rohhonig gesüßt werden. Der Tee ist sehr wohltuend und eignet sich gut bei Verdauungsstörungen.

Patienten, die unter starken Durchfällen und Krämpfen leiden, sollten die Einführungsdiät etwa fünf Tage lang befolgen. Andernfalls können zwei bis drei Tage ausreichend sein. Gegessen werden darf so oft und so viel, wie man möchte. Es ist sehr wichtig, dass Sie genug trinken. Geeignet sind vor allem Ingwer-, Pfefferminz- oder Kamillentee und stilles Wasser, das Zimmertemperatur hat.

Gottschalls Speiseplan für die ersten Diättage

Folgende Speisen empfiehlt Elaine Gottschall für die Einführungsphase:

Morgens: Selbstgemachter SCD-Frischkäse (Seite 72), Eier (gekocht, pochiert oder als Rührei), erlaubter Apfel- oder Traubensaft (zur Hälfte mit Wasser verdünnt), selbstgemachte SCD-Götterspeise (Seite 143).

Mittags: Selbstgemachte Hühnerbrühe mit Hühnerfleisch und pürierten Karotten, gegrillte Rindfleisch-Frikadellen oder gegrillter Fisch, selbstgebackener Käsekuchen (SCD-Käsekuchen ohne Boden, Seite 157, Zitronenabrieb weglassen), selbstgemachte SCD-Götterspeise.

Abends: Variationen der oben genannten Speisen.

Gottschall weist darauf hin, dass Eier erst eingeführt werden sollten, wenn kein schwerer Durchfall mehr besteht.

Einführungsdiät in der Nimbal-Therapie

Prof. Suskind weist darauf hin, dass es während der Einführungsdiät zu Bauchbeschwerden kommen kann. Sie sind schwächer als die CED-Symptome und können auf Absterbereaktionen bestimmter Bakterien zurückzuführen sein. So sieht die Einführungsdiät im Seattle Children's Hospital aus:

Erster Diättag:

- Am ersten Tag wird auf Eier und Milchprodukte verzichtet.
- Selbstgemachte Brühe oder Suppe (aus Hühnchen, Pute oder Rinderknochen) stellt das wichtigste Nahrungsmittel dar. Die Brühe kann in kleinen Schlucken getrunken oder als Suppe (mit püriertem Geflügel und pürierten Karotten) gegessen werden.
- Apfel- oder Birnenmus aus geschälten und weich gekochten Äpfeln oder Birnen mit etwas Zimt und Rohhonig darf ebenfalls verzehrt werden. Etwas kalorienreicher wird das Mus, wenn man ein wenig Kokosöl hineinrührt.
- Es darf zur Hälfte mit Wasser verdünnter Apfel- oder Traubensaft getrunken werden (100 % natürlicher Direktsaft ohne Zucker, Süßstoffe oder Zusatzstoffe). Daraus kann auch SCD-Götterspeise zubereitet werden.
- Es dürfen auch Hühner-Gemüse-Küchlein (zum Beispiel Hühnchen-Gemüse-Patties, Seite 123) verzehrt werden. Diese werden zu einem Teil aus gekochtem und püriertem Hühnerfleisch und zu zwei Teilen aus gekochtem Gemüse zubereitet.
- Eine weitere erlaubte Speise ist Hühner-Gemüse-Püree. Hierfür werden gekochtes Hühnchen und gekochte Karotten mit einer kleinen Menge selbstgemachter Hühnerbrühe püriert.
- Eine sehr reife Banane darf in etwas Butter, Ghee oder Kokosöl gegart werden, bis sie eine cremige Konsistenz hat.

Zweiter Diättag:

- Heute dürfen vorsichtig Eier eingeführt werden, wenn keine diesbezügliche Unverträglichkeit besteht, was am Diätanfang durchaus möglich ist.
- Aus Eiern können süße Pfannkuchen zubereitet werden (mit zerdrückter Banane) oder pikante Pfannkuchen (mit püriertem gekochten Gemüse oder püriertem Hühnerfleisch).
- Man kann auch eine Eintropfsuppe zubereiten (hierzu wird ein verquirltes Ei nach und nach in heiße Brühe gegeben, das Ei gerinnt und wird etwas fest). Es sind auch Zucchini-Spaghetti (Zoodles, Seite 109) erlaubt. Die Zucchini müssen geschält und die Samen entfernt werden. Die Zoodles werden gekocht (am besten in einem Etagendampfgarer) oder in etwas Butter, Ghee oder Kokosöl gedünstet.
- Ansonsten kann alles gegessen werden, was bereits auf dem Speiseplan stand.

Dritter Diättag:

- Jetzt darf auch zusätzlich der SCD-Joghurt (Seite 68) eingeführt werden.
- SCD-Joghurt und Joghurt-Smoothies können mit sehr reifen pürierten Bananen angereichert werden. (Bei der SCD kommen Bananen erst später hinzu.) Falls Milchprodukte problematisch sind, kann SCD-Joghurt auch aus Mandel- oder Kokosmilch hergestellt werden.
- Ansonsten bleibt es bei den Speisen, die bereits am ersten und zweiten Diättag erlaubt waren.

Einführungsphase bei der GAPS-Diät

Dr. Campbell-McBride betont die wichtige Rolle der Einführungsdiät beim Heilen und »Versiegeln« des löchrigen Darms. Drei Faktoren sind hieran maßgeblich beteiligt:

- Große Mengen an Nährstoffen, die die Darmschleimhaut mit Substanzen versorgen, aus denen sie aufgebaut ist (zum Beispiel Aminosäuren, Gelatine, Fette, Vitamine und Mineralien).
- Eliminierung von Ballaststoffen und anderen Substanzen, die den Darm reizen und dem Heilungsprozess entgegenwirken.
- Versorgung des Darms mit freundlichen Bakterien, um ein gesundes Mikrobiom zu fördern.

Hühnerbrühe oder -suppe sind besonders sanft zu Magen und Darm und werden in der Volksmedizin seit Jahrhunderten eingesetzt. Insbesondere die Knochen und Knorpel an den Gelenken enthalten heilende Substanzen, nicht so sehr das Muskelfleisch. Campbell-McBride empfiehlt, besonders in der Anfangszeit warme Hühner- oder Knochenbrühe zu und zwischen den Mahlzeiten zu trinken und so die Darmschleimhaut und das Immunsystem reichlich mit heilenden Substanzen zu versorgen. Sie weist auch darauf hin, dass Milchsäure in den selbst hergestellten gesäuerten Milchprodukten die Darmschleimhaut beruhigt und stärkt und bei Patienten mit Durchfall für festere Stuhlgänge sorgt.

Sehr wässrige Durchfälle

Campbell-McBride empfiehlt, bei sehr wässrigen Durchfällen nur Brühe zu essen, die das in Stückchen geschnittene mitgekochte Fleisch oder Geflügel enthält. Von Gemüse rät sie ab, weil diese Ballaststoffe den Darm völlig überforderten.

Wenn es vertragen wird, kann allmählich ein rohes Eigelb in die Brühe gegeben werden. Eigelb wird in der Regel besser vertragen als Eiweiß. Campbell-McBride empfiehlt, mit einem Eigelb pro Tag zu beginnen. Wird es gut vertragen, können Sie die Menge langsam steigern und dann ruhig öfter am Tag einen Teller Brühe mit Eigelb essen. Campbell-McBride zufolge brauchen Sie sich wegen des darin enthaltenen Cholesterins keine Sorgen zu machen. Sie sollten sich bezüglich der Menge der Eigelbe nicht zurückhalten, da sie eine sehr gute Nährstoffquelle darstellen und kaum Verdauungsarbeit erfordern. Wichtig sei jedoch, dass die Eier frisch, aus Freilandhaltung und in Bio-Qualität sind. Werden die Eigelbe gut toleriert, können auch ganze, zunächst einmal weichgekochte Eier mit der Suppe gegessen werden.

Wie muss eine SCD-Banane aussehen?

Eine SCD-Banane darf keine grünen Stellen mehr haben und muss auf ihrer Schale braune Punkte aufweisen. Sie muss so reif sein, dass sie sich leicht mit einer Gabel zerdrücken lässt. Nur so ist sichergestellt, dass die vorhandene Stärke in Fruchtzucker umgewandelt worden ist und die Frucht gut von SCD-Patienten verdaut werden kann. Am besten hat man stets einen Vorrat an Bananen unterschiedlichen Reifegrads zu Hause, damit die Bananen nachreifen können. Denn oftmals kann man nur unreife Bananen kaufen und muss dann tagelang warten, bis sie reif genug sind.

Auch probiotische Speisen (SCD-Joghurt, Seite 68, SCD-saure-Sahne, Seite 72, und der Saft von selbstgemachtem Sauerkraut, Seite 73) sind erlaubt und können in die nicht mehr allzu heiße Brühe gegeben werden. Ist die Brühe zu heiß, sterben die freundlichen Bakterien ab.

Erst wenn sich die Durchfälle gelegt haben, darf langsam und vorsichtig Gemüse probiert werden. Dieses stammt zunächst aus einfachen Eintöpfen, die mit Fleisch oder Geflügel und bestimmten Gemüsesorten zubereitet werden. Campbell-McBride rät dazu, am Anfang kein angebratenes Fleisch oder Geflügel zu verzehren, sondern gekochtes (zum Beispiel in Suppe oder in Brühe gegart) oder geröstetes. Teile, die angebrannt oder besonders knusprig sind, sollten nicht gegessen werden.

In ihren Rezepten werden von Anfang an Zwiebeln und Knoblauch verwendet. Knoblauch gibt sie fein gehackt erst kurz vor dem Ende der Kochzeit auf die Speisen, um seine Wirkung durch das Kochen nicht zu vermindern.

Den Verzehr von gekochtem Obst (wie das bei der NIMBAL-Diät erwähnte Apfel- oder Birnenmus) empfiehlt sie erst nach der Einführungsdiät.

Wie geht es weiter?

Nach und nach dürfen Sie jetzt neue Lebensmittel einführen, die auf der Liste der erlaubten Zutaten stehen (Seite 50). Wählen Sie aber immer nur ein einziges Lebensmittel aus und essen Sie davon zunächst nur eine kleine Menge, die Sie langsam steigern können. Vertragen Sie es gut, dürfen Sie ein weiteres ausprobieren. Kommt es wieder zu heftigeren Durchfällen und vermehrten Blähungen, nachdem bestimmte Gemüse- oder auch Obstsorten eingeführt wurden, müssen Sie diese wieder streichen und deren Einführung auf einen späteren Zeitpunkt verschieben.

Da neue Zutaten nur in zweitägigen Abständen eingeführt werden sollten, kann es einige Wochen oder auch wesentlich länger dauern, bis Sie die volle Diät erreicht haben. Prinzipiell sollten Sie dafür sorgen, sich im Rahmen der Diät so vielfältig wie möglich zu ernähren. Es ist also notwendig, neue Zutaten auszuprobieren, wenn Sie sich dazu bereit fühlen.

Gekochtes Gemüse

Gekochtes Gemüse darf gegessen werden, wenn der Stuhlgang wieder etwas geformter ist und nicht öfter als zwei- bis dreimal täglich auftritt. Das Gemüse sollte geschält sein und wenn es Samen enthält, müssen diese entfernt werden.

Gottschall zufolge werden Kürbisse, Tomaten, grüne Bohnen und Karotten, alles in gekochtem Zustand, nach der Einführungsdiät sehr gut vertragen. Allmählich können weitere Gemüsesorten ausprobiert werden.

Gemüse aus der Kohlfamilie dürfen erst verzehrt werden, wenn überhaupt kein Durchfall mehr besteht. Gemüse aus Dosen oder Gläsern sind nicht erlaubt, weil sie Zucker oder Stärke enthalten können.

Gekochtes Obst

Wenn sich der Durchfall gelegt hat, was ein bis zwei Wochen dauern kann, darf Obst, das reif, geschält und gekocht ist, verzehrt werden.

Als Süßungsmittel dürfen Honig oder der künstliche Süßstoff Saccharin verwendet werden. Saccharin steht jedoch in Verdacht, die Darmflora zu beeinflussen und krebserregend zu sein. Deshalb ziehe ich Honig als Zuckerersatz vor. Honig sollte möglichst naturbelassen sein. Die am wenigsten verarbeitete Form stellt der sogenannte Rohhonig dar. Er sollte jedoch erst verzehrt werden, wenn kein Durchfall mehr besteht.

Dosenobst ist nicht gestattet, weil es meistens Zucker enthält.

Rohes Obst und Gemüse

Solange Sie Durchfall haben, dürfen Sie überhaupt kein rohes Gemüse und keine ungekochten Früchte verzehren, da sie abführend wirken können, einen verletzten Darm überfordern und ihm schaden.

Als erste ungekochte Obstsorte dürfen Sie reife, zerdrückte Bananen ausprobieren. Am ersten Tag sollten Sie sich auf ein Viertel davon beschränken, am zweiten darf es eine Hälfte sein, am dritten Tag eine ganze Frucht.

Andere Früchte und Gemüse wie Blattsalat (zuerst nur die weichen Teile essen), Gurke, Karotten, Stangensellerie oder rohe Zwiebeln sollten Sie erst einführen, wenn der Durchfall völlig unter Kontrolle ist. Rohes Gemüse eignet sich zu diesem Zeitpunkt auch gut als Snack.

Nussmehle und Nüsse

Backwaren aus Nussmehlen sollten nicht zu früh eingeführt werden. Warten Sie, bis sich die Durchfälle gelegt haben, da Nüsse zwar sehr nährstoffreich sind, aber auch viele Ballaststoffe enthalten. Probieren Sie zuerst nur ein kleines Stück selbstgebackenes Brot oder Ähnliches pro Tag und steigern Sie bei guter Verträglichkeit die Menge allmählich.

Erst wenn Sie Gebäck aus gemahlenen Mandeln oder anderen Nussmehlen gut vertragen, können Sie langsam auch naturbelassene Nüsse probieren, die sich dann auch gut als Snack eignen. Zum Backen, für Pfannkuchen oder Waffeln können Sie auch Kokosmehl benutzen.

Gottschall empfiehlt, zu Beginn blanchierte Mandeln selbst zu mahlen. Nach zwei bis vier Wochen können auch bereits gemahlene, blanchierte Mandeln gekauft werden. Auch hier ist Bio-Qualität sicherlich die beste Option.

Entölte oder teilentölte Nussmehle werden aus dem Presskuchen, der bei der Gewinnung von Nussölen entsteht, hergestellt. Nussmehle sind nahezu staubtrocken und nehmen sehr viel Flüssigkeit auf. Ihr Backverhalten unterscheidet sich von dem gemahlener Nüsse.

Mandelmehl ist relativ teuer. Man kann es jedoch aus den Pressresten, die bei der Herstellung von Mandelmilch entstehen, auch selbst machen (Seite 71).

Mandel- und Kokosmilch

Laut »Breaking the Vicious Cycle« sind selbstgemachte Mandel- und Kokosmilch erst ab dem sechsten Monat nach Therapiebeginn erlaubt. Da man mit diesen pflanzlichen Milchzubereitungen jedoch auch den SCD-Joghurt herstellen kann und dieser bereits in den ersten Tagen der Diät eingeführt wird, macht es keinen Sinn, so lange zu warten. Es ist anzunehmen, dass sich Gottschall lediglich auf das Trinken dieser Milch bezog.

Hülsenfrüchte

Hülsenfrüchte sind erst drei Monate nach Beginn der SCD bzw. drei Monate nach Abwesenheit der Durchfälle erlaubt. Sie müssen gemäß der SCD-Anleitung (Seite 119) zubereitet und sehr vorsichtig eingeführt werden, das heißt zunächst nur in kleinen Mengen, die man allmählich steigert.

Würzen und heilen

Zum Würzen empfehle ich ungebleichtes Meersalz oder Himalayasalz. Frisch gemahlener Pfeffer ist wesentlich aromatischer als fertig gekauftes Pfefferpulver. Zudem können frisch gemahlene Pfefferkörner ihre therapeutischen Wirkungen voll entfalten. Pfeffer gilt als entzündungshemmend und antibakteriell und regt die Produktion von Verdauungssäften an. Wegen ihrer antiinflammatorischen Wirkung verwende ich auch möglichst häufig frischen geriebenen Ingwer und Kurkumapulver.

Bei der SCD sind zwar alle Gewürze erlaubt, aber Gewürzmischungen sollten gemieden werden, weil sie oftmals Antiklumpmittel enthalten. Deshalb finden Sie im Rezeptteil Gewürzmischungen zum Selbermachen (Seite 66).

Ghee (Butterreinfett)

Ghee gilt im indischen Ayurveda als gesundheitsfördernd und entzündungshemmend. Es ist frei von Laktose und Milcheiweiß und hoch erhitzbar, ohne dass dabei gesundheitsschädigende Transfette entstehen. Ghee ist sehr ergiebig, verbessert die Aufnahme von Vitaminen, ist leicht verträglich und gut verdaulich. Richtig zubereitetes Ghee ist gekühlt über ein Jahr haltbar. Wenn es vorher schimmelig wird, wurde das Milcheiweiß entweder nicht vollständig entfernt oder die Küchengeräte waren verunreinigt.

Gelatine

Gelatine besitzt zahlreiche gesundheitsfördernde Eigenschaften, die insbesondere Patienten mit CED zugutekommen. Die darin enthaltenen Substanzen unterstützen Selbstheilungsprozesse und liefern wichtige Bausteine für viele unserer Körperstrukturen. Gelatine hilft dabei, den durchlässigen Darm zu heilen, ist entzündungshemmend, wirkt sich positiv auf das Immunsystem aus, kann Sodbrennen entgegenwirken, sättigt und sorgt für eine bessere Schlafqualität. Am besten benutzt man hochwertige Gelatine, die von Rindern aus Weidehaltung stammt.

Sauerkraut

Fermentiertes Gemüse wie Sauerkraut wird bei der SCD nicht explizit erwähnt. Bei der GAPS-Diät spielt es jedoch eine sehr wichtige Rolle, da es den Körper mit Verdauungsenzymen, probiotischen Bakterien, Vitaminen und Mineralien versorgt. Deshalb finden Sie in diesem Buch auch ein Rezept für selbstgemachtes Sauerkraut (Seite 73).

Bei der Herstellung von Sauerkraut ist auf eine ausreichende Salzmenge zu achten. Salz wird benötigt, damit das Kraut genug Saft zieht. Außerdem unterdrückt es die Vermehrung schädlicher Bakterien. Achten Sie auf eine gute Küchenhygiene.

Dr. Campbell-McBride empfiehlt die Einführung von selbstgemachtem Sauerkrautsaft bereits zu Beginn der Diät. Zuerst 1–5 Tage lang über den Tag verteilt 1–2 TL des Safts dem etwas abgekühlten Essen zufügen. Dann 3–4 TL täglich für 1–5 Tage. Bei guter Verträglichkeit können Sie danach jeder Mahlzeit einige TL Saft zufügen. Mit dem Sauerkraut selbst sollten Sie lange genug warten und es zuerst in sehr kleinen Mengen, die dann langsam gesteigert werden, einführen.

Kaffee

Für viele beginnt der Tag erst mit Schwung, wenn ein Kaffee in der Tasse ist. Bei der SCD ist schwacher Kaffee erlaubt. Als Milchersatz bietet sich ein TL Kokosöl an, das den Kaffee leicht süßt und ihn cremiger macht. Außerdem stellt Kokosöl eine gesunde Kalorienquelle dar. Probieren Sie auch einmal eine kleine Prise Zimt in Ihrem Kaffee.

Zusätze in Medikamenten

Zahlreiche Medikamente enthalten unerlaubte Zuckerzusätze (Laktose, Sucrose und Stärke). Fruktose und Dextrose sind diesen Zusätzen vorzuziehen, auch wenn sie prinzipiell gemieden werden sollten. Bemühen Sie sich um Alternativen, die möglichst gar keine unerlaubten Zusätze enthalten.

Auch bei Präparaten, die nützliche Bakterien beinhalten, ist Vorsicht geboten. Laktose- oder molkehaltige Präparate sind Produkten, die mit FOS (Fructooligosaccharide) versetzt sind, vorzuziehen.

Supplementierung mit Vitaminen und Mineralien

Gottschall weist darauf hin, dass Patienten mit chronischen Darmerkrankungen in der Regel unter Malabsorption und folglich auch unter Nährstoffdefiziten leiden. Auch wenn die SCD alle Voraussetzungen für eine Ernährungsweise ohne Mangelerscheinungen bietet, kann in der Anfangszeit der Diät eine Supplementierung mit bestimmten Vitaminen und Mineralien ratsam sein.

Menschen mit chronischen Darmerkrankungen leiden häufig unter einem Vitamin-B_{12}-Mangel, der unbedingt behoben werden muss. Sehr oft fehlt es auch an anderen B-Vitaminen und eine Supplementierung kann sinnvoll sein. Es sind nur solche Vitamin-B-Präparate erlaubt, die keine Hefe enthalten. Gottschall empfiehlt außerdem eine Supplementierung mit Vitamin D und Vitamin A (zum Beispiel in Form von Fischöl), insbesondere im Winter und in nördlichen Klimazonen. Auch eine Vitamin-C-Supplementierung hält sie für angebracht.

In Bezug auf Mineralien empfiehlt sie, insbesondere die Werte für Kalzium, Eisen, Jod und Kalium ärztlich überprüfen zu lassen und gegebenenfalls zu korrigieren. Patienten sollten darauf achten, dass ihre Vitaminpräparate frei sind von Zucker, Laktose, Stärke, Weizen, Soja, Molke und Hefe. Diese Bestandteile können auch in Füll- und Bindemitteln enthalten sein.

Prof. Suskind rät dazu, auf alle Fälle kontrolliert Vitamin D zu supplementieren, da dieses Vitamin ganz essenziell für CED-Patienten ist.

Rückfälle und erneute Krankheitsschübe

Folgender Hinweis in »Breaking the Vicious Cycle« ist absolut wichtig, und ich habe die betreffende Stelle meinem Sohn und mir immer wieder laut vorgelesen, wenn es zu erneuten Krankheitsschüben bei ihm kam. Gottschall erklärt, den meisten Patienten gehe es bereits innerhalb der ersten drei Wochen nach Beginn der SCD besser und ihre Genesung schreite in der Regel kontinuierlich voran. Es sei jedoch möglich, dass es im zweiten oder dritten Monat der Diät zu einem Rückfall komme, auch dann, wenn sie mit absoluter Genauigkeit befolgt wurde. Dies könne daran liegen, dass die Patientin oder der Patient eine Atemwegsinfektion entwickelt. Oftmals geschehe es jedoch auch ohne einen ersichtlichen Grund. Vermeiden Sie es also, sich selbst die Schuld zu geben, denn das ist Ihrer Genesung nicht zuträglich.

Eine weitere Ursache für einen erneuten Schub können sogenannte »Die-off«-, also Absterbe-Reaktionen von Mikroorganismen sein.

Gottschall rät dazu, sich auf keinen Fall von Rückschritten entmutigen zu lassen, mit denen innerhalb des ersten Jahres zu rechnen sei. Sobald der Patient diese überwunden habe, gehe es in der Regel stetig bergauf.

Prof. Suskind weist darauf hin, dass es bei Patienten zu erneuten Krankheitsschüben kommen könne, ganz unabhängig davon, ob sie medikamentös behandelt werden oder eine diätetische Therapie erhalten. Er empfiehlt, beim Auftreten eines erneuten Krankheitsschubs sofort zu handeln und wieder zur Einführungsdiät der SCD zurückzukehren. Die meisten Patienten könnten ihren Schub auf diese Weise wieder in den Griff bekommen.

Ich kann dies aus eigener Erfahrung bestätigen. Einige Tage unserer »magischen Hühnersuppe« haben bei meinem Sohn wahre Wunder gewirkt. Wir beobachteten, dass seine Krankheitsschübe mit der Zeit immer kürzer und weniger heftig wurden. Sie traten immer seltener auf, bis sie ganz ausblieben.

Je nach Intensität der Symptome während eines Schubs können jedoch bei manchen Patienten auch Medikamente erforderlich sein, so Prof. Suskind.

Was ist erlaubt, was ist verboten?

In der folgenden Auflistung erfahren Sie, welche Nahrungsmittel Sie verzehren dürfen und welche Sie meiden müssen. Bitte beachten Sie auch die Anmerkungen in Klammern.

Prinzipiell gilt, dass nicht jedes Nahrungsmittel, nur weil es erlaubt ist, auch von jeder Person vertragen wird. Auch erlaubte Lebensmittel können zu Intoleranzen oder Allergien führen. Wenn ein bestimmtes Nahrungsmittel bei Ihnen schon einmal zu einer starken allergischen Reaktion oder sogar zu einem anaphylaktischen Schock geführt hat, dann streichen Sie dieses komplett von Ihrem Speiseplan, auch wenn es zu den erlaubten Zutaten gehört.

Wenn Sie in der Vergangenheit Probleme mit bestimmten erlaubten Nahrungsmitteln hatten, so eliminieren Sie diese vorübergehend. Probieren Sie zu einem späteren Zeitpunkt zuerst nur eine kleine Menge davon aus und schauen Sie, wie Sie damit zurechtkommen. Wenn Sie immer noch Probleme damit haben, dann schließen Sie auch diese Nahrungsmittel von Ihrer Diät aus.

Richten Sie Ihren Fokus auf das, was erlaubt ist und nicht umgekehrt. Es gibt weiterhin sehr viele leckere Sachen, die Sie essen dürfen. Im Rahmen der SCD muss auch nicht auf Kuchen, Kekse, Muffins oder Süßigkeiten verzichtet werden, denn diese lassen sich ganz hervorragend mit Honig, Nüssen und Trockenobst herstellen.

Halten Sie sich strikt an die Vorgaben und machen Sie keine Ausnahmen. Bestimmte Nahrungsmittel dürfen auf keinen Fall am Anfang der Diät verzehrt werden, auch wenn sie prinzipiell erlaubt sind. Warten Sie den richtigen Zeitpunkt ab.

Wenn Sie unsicher sind, ob etwas erlaubt ist oder nicht, dann verzichten Sie vorsichtshalber darauf. Verzehren Sie von den Hülsenfrüchten nur die erlaubten Sorten. Wenn Sie Probleme mit Ihrer Selbstdisziplin bei gelegentlich erlaubten Produkten haben, dann lassen Sie diese am besten ganz weg.

Obwohl die SCD einige alkoholische Getränke zulässt, versteht es sich eigentlich von selbst, dass Alkohol der Heilung nicht zuträglich ist. Einige Studien belegen, dass Alkohol einen löchrigen Darm und ein Ungleichgewicht der Darmflora fördert.[18]

Erlaubte Nahrungsmittel

Ananas, Anchovis (Sardellen), Äpfel, Apfelessig (Zutatenliste genau studieren!), Aprikosen, Artischocken, Ascorbinsäure, Asparaginsäure, Auberginen, Avocadoöl, Avocados

Bananen (reif, mit braunen Punkten auf der Schale), Basilikum, Beeren (alle Sorten, obwohl Heidelbeeren als sehr gesund für den Darm gelten, könnte es für manche Patienten ratsam sein, sie erst etwa drei Monate nach Abklingen der letzten Symptome zu verzehren), Birnen, Blattkohl, Blattsalat (alle Sorten), Blauschimmelkäse (gelegentlich), Blumenkohl, Bourbon-Whisky (nur gelegentlich), Brechbohnen, Brie (nur gelegentlich), Brokkoli, Brunnenkresse, Butter, Butternusskürbis

Camembert, Canataloupe-Melonen, Cashewkerne, Cayennepfeffer, Cellulose (wenn in Nahrungsergänzungsmitteln oder Medikamenten enthalten, da es sich dort nur schwer vermeiden lässt), Cheddarkäse (weniger würzige Sorten sind erlaubt, sehr würzige Sorten nur gelegentlich), Cherimoyas

Datteln (frisch oder getrocknet, nur wenn ungesüßt und ohne Zusätze!), Dill, Dosenfisch (in Öl oder Wasser eingelegt, Zutatenliste überprüfen!)

Echinacea, Edamer-Käse (gelegentlich), Eichelkürbis, Eier, Erbsen (frisch, tiefgefroren oder sachgemäß zubereitete Spalterbsen), Erdnussbutter (ohne Zucker und unerlaubte Zusatzstoffe), Erdnüsse (können nach etwa sechs Monaten vorsichtig ausprobiert werden, wenn kein Durchfall mehr besteht. Dies gilt nur für frische oder geröstete Erdnüsse in der Schale, nicht für geschälte, geröstete und gesalzene Nüsse, die meistens Stärke und andere unerlaubte Zusatzstoffe enthalten), Erdnussöl, Essig (Zutatenliste studieren! Die meisten Essige sind zulässig, außer Balsamessig, der immer Zucker enthält), Essiggurken (wenn sie keine unerlaubten Zusätze enthalten), Esskastanien (erst, wenn alle Symptome abgeklungen sind. Sie sollten gut eingeweicht und weich gekocht werden. Ansonsten sind sie verboten), Estragon, Ethanol

Färberdistelöl, Feigen (wenn ohne Zusatzstoffe. Die kleinen harten Samenkörner können jedoch Probleme bereiten, daher mit Vorsicht ausprobieren), Fisch (frisch oder tiefgekühlt und naturbelassen), Fischkonserven (in Öl oder Wasser, ohne unerlaubte Zutaten!), Fleisch (frisch oder tiefgekühlt und nicht industriell verarbeitet)

Geflügel (frisch oder tiefgekühlt und nicht industriell verarbeitet), Gelatine (geschmacklos), Gemüsesäfte (frisch gepresst aus erlaubten Gemüsesorten), Gewürze (alle Gewürze sind erlaubt, solange sie keine Zusatzstoffe enthalten. Keine Gewürzmischungen wie Currypulver oder Zimtmischungen benutzen! Zwiebel- und Knoblauchpulver sind nur erlaubt, wenn sie mit Sicherheit ohne Zusatzstoffe sind), Ghee (selbstgemacht), Gin (gelegentlich), Glycerin, Gorgonzola (gelegentlich), Gouda (gelegentlich), Grapefruits, grüne Bohnen (Stangenbohnen), Grünkohl, Gurken

Haselnüsse, Havarti-Käse, Honig (natürlicher Honig, sogenannter »Rohhonig«), Honigmelonen, Hülsenfrüchte (nur wenn sie gemäß der SCD-Anleitung, Seite 119, zubereitet wurden und nur die erlaubten Sorten! Frühestens nach drei Monaten auf der SCD!)

Ingwerwurzel (frisch)

Joghurt (ausschließlich selbstgemachter SCD-Joghurt, Seite 68)

Kaffee (nur schwacher Kaffee, kein Instantkaffee!), Kaliumsorbat, Kapern, Karotten, Käse (nur erlaubte Sorten; Käse, der länger als 90 Tage gereift ist, ist in der Regel laktosefrei und erlaubt), Kefir (selbst zubereiteter Kefir ist bei der GAPS-Diät erlaubt, sollte jedoch vorsichtig eingeführt werden), Ketchup (nur wenn selbstgemacht!), Kieselerde, Kimchi, Kirschen, Kiwi, Knoblauch, Kohl (erst einführen, wenn überhaupt kein Durchfall mehr besteht), Kokosmehl, Kokosnuss (frisch), Kokosmilch (selbstgemacht, kann nach sechs Monaten ausprobiert werden), Kokosöl, Kokosraspel (ohne Zusätze), Kopfsalat, Koriander, Korn (»Schnaps«, nur gelegentlich), Kräuter (frisch oder getrocknet, ohne Zusätze), Kumquats, Kürbis

Lamm, Lauch, Lecithin, Leinsamenöl (in sehr kleinen Mengen), Leucin, Limabohnen (getrocknet oder frisch), Limburger Käse (gelegentlich), Limetten, Linsen (getrocknet und über Nacht eingeweicht, frühestens drei Monate nach Diät-Beginn), Lorbeer, L-Theanin (nur wenn ohne unerlaubte Bindemittel)

Macadamia-Nüsse, Macadamia-Nussöl, Magnesiumcitrat, Magnesiumstearat, Maiskeimöl, Manchego-Käse, Mandarinen, Mandelbutter (Zutatenliste studieren!), Mandelmilch (kann sechs Monate nach Diät-Beginn ausprobiert werden), Mandeln (naturbelassene Mandeln kaufen und blanchieren), Mandelöl, Mangold, Mangos, Maracuja, Meeresfrüchte, Melonen (jeglicher Art), Milkshakes (aus SCD-Joghurt und Früchten, mit Honig oder Saccharin gesüßt), Münsterkäse (gelegentlich), Muskat

Natron, Nektarinen, Nussmehl (aus blanchierten Mandeln oder gemahlenen Nüssen)

Oliven (nur wenn frei von unerlaubten Zusätzen!), Olivenöl, Orangen, Orangensaft (erst wenn man keinen Durchfall mehr hat. Am besten selbst gepresst. Gekaufter Saft muss frei von allen unerlaubten Süßungsmitteln sein!), Oregano

Pak Choi (gehört zur Kohlfamilie, Anmerkung für Kohl beachten!), Papaya, Paprika (grün, gelb, rot, orange), Paranüsse, Parmesan (gelegentlich erlaubt, am Stück kaufen und selbst reiben), Passionsfrucht, Pekannüsse (naturbelassen), Peperoni, Persimone (auch Kaki genannt), Petersilie, Pfefferminztee (ohne Zusätze), Pfirsiche, Pflaumen, Phosphatidylcholin, Pilze, Pinienkerne, Pistazien (erst nach Abklingen der Symptome, unbehandelt kaufen und nach Wunsch selbst rösten), Pok Choi (siehe Anmerkung Pak Choi), Porree (Lauch)

Rapsöl (erlaubt, aber nicht empfehlenswert), Rhabarber, Roquefort (nur gelegentlich), Rosenkohl, Rosinen (möglichst dunkel), Rosmarin, Rote Bete, Rotkohl, Rotweinessig (Zutatenliste beachten!)

Saccharin, Säfte (nur wenn sie mit Sicherheit keinen zugesetzten Zucker erhalten. Vorsicht! Sehr kleine hinzugefügte Zuckermengen müssen nicht angegeben werden. Im Zweifelsfall beim Hersteller nachfragen oder auf das Produkt verzichten und selbst Säfte zubereiten), saure Sahne (nur wenn selbst gemäß SCD-Rezept, Seite 72, zubereitet!), Salbei, Salz (unbehandeltes Meersalz oder Himalaya Salz), Samen (erst drei Monate nach Abklingen der letzten Symptome, langsam antesten, Flachs-, Chia- und Hanfsamen sind nicht erlaubt!), Sardellen, Sashimi, Satsumas, Sauerkraut (nur wenn zuckerfrei und ohne unerlaubte Zusätze, am besten selbstgemacht, Seite 73)! Kann in der GAPS-Diät relativ früh eingeführt werden, aber zuerst nur den Saft verzehren und dann das Kraut sehr vorsichtig einführen. Roh essen, damit die im Sauerkraut enthaltenen Probiotika nicht zerstört werden), schwarze Bohnen (nach SCD-Anleitung zubereiten, Seite 119!), Schwarzrettich (Vorsicht, da sehr faserreich), Schweizer Käse (Emmentaler), Sellerie, Senf (nur wenn ohne Zucker und unerlaubte Zusätze! Scharfer Senf ist zumeist ohne Zucker), Senfpulver (ohne Zusätze), Senfsamen, Sesamkörner (erst nach einigen Monaten, kleine Mengen), Sesamöl, Siliciumdioxid (Trennmittel, E 551. Vorsicht, dieser Stoff gehört zu den sogenannten Nanopartikeln!), Sojaöl, Sojalecithin, Sonnenblumenöl, Sonnenhut (Echinacea), Spargel, Spinat, Stangenbohnen, Stangensellerie (Vorsicht, sehr faserreich), Steckrübe (auch Kohlrübe genannt, aber nicht zu verwechseln mit Kohlrabi, der nicht erlaubt ist!), Stiltonkäse (gelegentlich), Sulfit (ist zwar erlaubt, sollte aber gemieden werden, da sehr ungesund!)

Tangelos, Tee (Pfefferminz-, Kamillen- oder Ingwertee, schwacher schwarzer Tee), Thymian, Tomaten, Tomatensaft (nur gesalzen, ohne Zucker und sonstige Zusätze), Trauben, Traubensaft (ohne Zucker und sonstige Zusätze)

Walnüsse, Walnussöl, Wasser mit Kohlensäure, Wasabi (ohne unerlaubte Zusätze), Wassermelone, Wein (rot oder weiß, aber trocken!), Weintrauben (Vorsicht! Enthalten viele Ballaststoffe), weiße Bohnen (gemäß SCD-Anleitung, Seite 119), Weißkohl, Weißweinessig (ohne unerlaubte Zusätze), Wirsing, Whisky (nur gelegentlich), Wodka (nur gelegentlich)

Zimt, Zitronen, Zitronensäure (ist zwar als Zusatz erlaubt, sollte jedoch gemieden werden!), Zucchini, Zwetschgen (frisch oder getrocknet ohne Zusätze und Zucker), Zwiebeln

⊗ Verbotene Nahrungsmittel

Ackerbohnen (auch Saubohne oder Dicke Bohne genannt), Agar Agar, Agavensirup, Ahornsirup, Algen, Aloe Vera (in der GAPS-Diät erlaubt, wenn keine Symptome mehr bestehen), Amarant, Amarantmehl, Aspartam (E 951), Astralagus (Tragant), Augenbohnen (auch Schwarzaugenbohne genannt)

Backhefe, Backpulver (stattdessen Natron verwenden), Balsamessig (gekauftes Produkt enthält fast immer Zucker, kann jedoch selbst hergestellt werden), Baumwollsaat (Getreideersatz), Bienenpollen, Bier, Birkenzucker, Bittergurke (Bittermelone, bitterer Kürbis), Bockshornklee, Bohnenmehl (Kuchen- oder Brotteig kann stattdessen mit gut eingeweichten und gekochten weißen Bohnen gestreckt werden), Bohnensprossen, Brandy, Brot (aus sämtlichen unerlaubten Getreidesorten), Brühe (gekauft, selbst zubereitete Brühe ist erlaubt), Brühwürfel, Buchweizen, Bulgur, Butterbohnen (auch Gelbe Bohne oder Weiße Riesenbohne genannt), Buttermilch

»**C**anderel« (Aspartam), Carrageen, Cellulosegummi, Chia-Samen, Chinesische Gelatine (Agar), Chlorella, Couscous

Dextrose, Dicke Bohnen, Dinkel, Dosengemüse, Dosenobst (nur zulässig, wenn im eigenen Saft konserviert und ohne Zuckerzusätze. Beim Einkochen von Obst nur Honig oder Saccharin als Süßstoff verwenden)

Eibisch, Eiscreme (nur erlaubt, wenn selbstgemacht gemäß SCD-Anleitung, Seite 148!), eisenhaltige Nahrungsergänzungsmittel (nicht empfehlenswert, da sie die Vermehrung pathogener Bakterien fördern und den Darm reizen können), entkoffeinierte Produkte, Erbsenmehl, Esskastanien (geröstete Esskastanien und Esskastanienmehl)

Fertigsuppen, Feta-Käse, Fisch (paniert oder aus der Dose in Sauce), Fleisch aus der Dose, Flohsamenschalen, Frischkäse, Fruchtsaftkonzentrat, Fruchtliköre, Fructooligosaccharide (FOS), Fruktose-Pulver, Fruktose-Sirup, geräucherte Fleisch- oder Fischwaren (außer die Produkte sind garantiert ohne Zuckerzusatz, in der Regel enthalten sie aber große Mengen Raffinade-Zucker)

Gerste, Getreide, Getreidekleie, Gjetost-Käse, Glukose (als Zusatz bei Fertigprodukten), Glukose-Pulver, Glukose-Sirup, Gries, Guarkernmehl (auch Guargummi oder Guaran genannt, E 412)

Hafer, Haferflocken, Hanfproteinpulver, Hanfsamen, Hartweizenmehl, Hefe, Hirse, Hüttenkäse

Instantkaffee, Instanttee, Inulin, Isoglukose

Jamswurzeln, Japanische Gelatine (Agar), Jerusalem-Artischocke (Topinambur), Jerusalembohnen (auch Mungobohne genannt), Joghurt (gekauft, kann jedoch als Starter für SCD-Joghurt verwendet werden), Johannisbrotkornmehl

Kaffeeersatz (die meisten Sorten enthalten nicht erlaubtes Malz), Kakaopulver, Kartoffeln, Kastanien und -mehl, Kaugummi, Kefir (im Handel erhältlicher), Ketchup (gekaufter), Kichererbsen, Kidneybohnen, Klettenwurzel, Kochbananen, Kohlrabi, Kräuterlikör, Kuhbohnen (auch Schwarzaugenbohne genannt)

Lakritz, Laktose, laktosefreie Milch, Leinsamen, Lignin, Limonade, Liköre

Mais, Maissirup, Maisstärke, Maltit (auch Maltitol genannt, E 965), Maltodextrin, Mannit (E 421), Margarine, Marmelade, Meeresalgen, Mehl (aus sämtlichen unerlaubten Getreidesorten), Met, Milch (jeglicher Art, auch keine Sojamilch, Reismilch oder Kokosmilch aus der Dose), Milchpulver, Miso, Molasse, Mononatriumglutamat, Molke (als Pulver oder flüssig, aus handelsüblicher Herstellung; sie enthält sehr viel Laktose), Mozzarella, Mung Dal, Mungobohnen, Müsli

Natürliche Aromen (sehr schwammiger Begriff, enthalten potenziell schädliche Stoffe), Neufchâtel-Käse, Nudeln, »NutraSweet« (Aspartam)

Okra, Oligofructose

Palmzucker, Paniermehl, paniertes Fleisch oder panierter Fisch, Papadam, Pastinaken, Pau d'arco (Lapacho), Pektin, Pfeilwurz, Pintobohnen, Plantains (auch Kochbanane genannt), Polysorbat 80, Portwein, Proteinpulver, Pseudogetreide

Quinoa

Rauchfleisch (geräuchertes Fleisch darf nur verzehrt werden, wenn es mit Sicherheit keinen Zucker enthält!), Reis, Reiskleie, Reismehl, Ricotta-Käse, Roggen, Rohrzucker

Saccharomyces cerevisiae (wissenschaftlicher Name für Backhefe), Saccharin (in der GAPS-Diät nicht erlaubt, in der SCD der einzige erlaubte Süßstoff), Saftkonzentrat (enthält häufig Zucker, der nicht auf der Zutatenliste genannt wird), Sagostärke, Sahne, Sake, Saubohnen, Sauerdatteln (auch Indische Dattel genannt), Sauerrahm (gekauft, nur selbstgemachte saure Sahne gemäß SCD-Anleitung, Seite 72, ist zulässig), Scheiblettenkäse,

Schinken, »schleimbildende Kräuter« (»Mucilaginous Herbs«), Schmelzkäse, Schokolade, Schwarzaugenbohnen, Seetang, Sherry, Sirup, Soja, Sojabohnen, Sojamilch, Sojaöl, Sojasauce, Sorbitol, Speisestärke (wie Mais-, Pfeilwurz-, Tapioka-, Sago- oder andere Arten von Speisestärke), Spirulina, Stevia, Sucralose, Sucrose, Süßholz, Süßkartoffeln

Tabasco-Sauce, Tagatose, Tamari, Tamarinde, Tapioka, Tapiokamehl, Tapiokastärke, Taro, Tofu, Topinambur, Tragant, Tragantgummi, Triticale, Trockenmilchpulver

Wasserkastanie, weißer Rohrzucker, Weizen, Weizenkleie, Weizenkeime, Wurstwaren (verarbeitete Fleischwaren wie Wurst enthalten in der Regel Stärke, Molkepulver, Laktose oder andere Di- oder Polysaccharide, Fleischwaren ohne diese Zusätze sind erlaubt, aber in der Regel nicht erhältlich)

Xanthan, Xanthangummi, Xylit (E 967), Xylithol

Yamswurzeln, Yambohnen

Zerealien, Zichorie, Ziegenmilch (nur als SCD-Joghurt), Zucker, Zuckerrohrsaft, Zuckerrübensirup

Die Rezepte

Mit SCD-Zutaten können Sie wunderbare Mahlzeiten für jede Tageszeit zubereiten. Lassen Sie sich überraschen, wie lecker Medizin schmecken kann.

Hinweise zu den Rezepten

Bevor Sie anfangen zu kochen, lesen Sie noch die Hinweise auf den folgenden Seiten. Und dann steht Ihrer leckeren Medizin nichts mehr im Weg.

Die Rezepte in diesem Buch sind als Anregungen gedacht. Wichtig ist mir, dass die Gerichte vielseitig und sicher, also SCD-kompatibel, sind. Werden Sie selbst kreativ und wandeln Sie Rezepte nach eigenem Geschmack und persönlichen Bedürfnissen ab. Benutzen Sie jedoch nur SCD-kompatible Zutaten (Seite 50) und halten Sie sich an die zeitlichen Vorgaben für die Einführung bestimmter Nahrungsmittel.

Am Anfang einfache Gerichte

Ich empfehle, nach der Einführungsdiät (Seite 42) zunächst einfache Gerichte zu verzehren, die wenige Zutaten beinhalten. So können Sie leichter eventuell auftretende Unverträglichkeiten nachvollziehen. Aus diesem Grund sind nur ein Teil der Rezeptvorschläge vollständige Hauptgerichte, während viele der Rezepte Komponenten darstellen, die Sie selbst zu einem Gericht zusammensetzen können. Einfache Gerichte finden Sie zum Beispiel bei den Gemüse- und den Fisch-, Geflügel- und Fleischrezepten. Viele der Suppen und Eintöpfe eignen sich auch als vollständiges Gericht.

Prinzipiell achte ich bei unserer Ernährung immer darauf, dass der Gemüseanteil deutlich überwiegt (ein Drittel Fleisch, Fisch oder Geflügel und zwei Drittel Gemüse).

Warten Sie mit den komplexeren Gerichten, bis Sie Erfahrungen mit der Diät gesammelt haben und Ihre Heilung bereits vorangeschritten ist.

Bio, regional und saisonal

Greifen Sie so häufig wie möglich auf Bio-Produkte zurück. Sie sind wesentlich gesünder und schmecken meistens auch besser als konventionelle Lebensmittel. Ich hatte bereits darauf hingewiesen, dass Pestizidrückstände im Essen die Darmflora schädigen, zu einem löchrigen Darm (Leaky Gut) und in der Folge zu Autoimmunerkrankungen führen können.

Bio-Produkte sind in der Regel jedoch teurer als konventionelle Erzeugnisse und nicht immer leicht erhältlich. Manchmal sind konventionelle Erzeugnisse aus der Region auch frischer als so manche Bio-Ware, die einen langen Transportweg hinter sich hat. Saisonales konventionell angebautes Obst und Gemüse vom Freiland ist meist weniger mit Pestizidrückständen belastet als aus dem Treibhaus stammendes. Regionale Herkunft bedeutet kürzere Transportwege und die Ware muss nicht künstlich länger haltbar gemacht werden. Doch auch deutsche Erzeugnisse können belastet sein.

Prinzipiell denke ich, dass man zuallerletzt am Essen sparen sollte, denn unsere Gesundheit ist unser kostbarstes Gut. Deshalb gebe ich Bio-Produkten immer den Vorzug, wenn ich die Wahl habe.

Sorgfältig waschen und schälen

Konventionell angebautes Obst und Gemüse sollte immer geschält werden, da sich in der Schale oft die meisten Rückstände gesundheitsschädigender Chemikalien befinden. Leider fallen mit dem Schälen auch wichtige Nährstoffe weg. Auch Obst und Gemüse, das geschält wird, sollte gewaschen werden.

Vielleicht können Sie das eine oder andere auch selbst in Bio-Qualität anbauen. Fangen Sie mit Kräutern auf der Fensterbank oder dem Balkon an und bereichern Sie damit Ihre Speisen.

Gechlortes Wasser vermeiden

Da Leitungswasser oftmals gechlort ist und Chlor dem Mikrobiom schadet, benutze ich zum Kochen und zum Zubereiten heißer Getränke nur gefiltertes Wasser.

Vorsicht bei Eiern!

Rohe und leicht erhitzte Eier bergen immer die Gefahr einer Salmonelleninfektion. Die Bakterien können sich insbesondere auch auf Eierschalen befinden. Deshalb sind Händewaschen und eine gute Küchenhygiene im Umgang mit Eiern essenziell. Benutzen Sie nur frische, unbeschädigte Bio-Eier, die nicht älter als 10 Tage sind.

Die Gefahr einer Salmonelleninfektion bei der Zubereitung von Rezepten mit rohen Eiern kann reduziert werden: Eier 1 Min. kochen und sofort mit kaltem Wasser abschrecken. Eier aufschlagen, Eigelbe mit einem Teelöffel entnehmen, Eiweiße wegwerfen.

SELBSTGEMACHTE SCD-ZUTATEN

Knoblauch-Kräuter-Butter

Für 2 Portionen

8 Min.

2 Knoblauchzehen • einige Stängel Petersilie • einige Stängel Schnittlauch • ½ Zitrone • 60 g weiche Butter • Salz • Pfeffer • Paprikapulver • Pergamentpapier (optional)

- Knoblauchzehen schälen und fein hacken.

- Petersilie waschen, trocken tupfen und die Blätter fein hacken.

- Schnittlauch waschen, trocken schütteln und in Röllchen schneiden.

- Zitrone auspressen.

- Butter mit Knoblauch, Kräutern und einigen Spritzern Zitronensaft verrühren. Mit Salz, Pfeffer und Paprikapulver abschmecken.

- Knoblauchbutter auf ein Stück Pergamentpapier geben und eine Rolle bilden. In das Papier gepackt im Kühlschrank aufbewahren.

Das passt dazu Fleisch, Fisch oder Gemüse

Tipp Für Kräuter-Eiswürfel eine größere Menge frischer Kräuter waschen und in einem sauberen Geschirrtuch trocken schütteln. Ggf. die Blättchen von den Stielen entfernen. Kräuter zerkleinern, in eine Eiswürfelform geben und mit etwas Wasser übergießen. Einfrieren und portionsweise auftauen oder direkt in fertige Saucen oder Suppen geben.

Dijon-Senf

Für ca. 250 ml

20 Min. + Abkühlzeit

- 1 mittelgroße Zwiebel
- 3 Knoblauchzehen
- 500 ml trockener Weißwein
- 200 g Senfkörner (am besten helle und dunkle gemischt)
- 3 EL Rohhonig
- 2 EL natives Olivenöl Extra
- 2 TL Salz
- 1 Msp. Kurkumapulver
- sterilisierte Schraubgläser mit Deckel

Zwiebel und Knoblauch schälen und fein würfeln.

Mit dem Wein zum Kochen bringen. Temperatur reduzieren, 5 Min. köcheln lassen, vom Herd nehmen, abkühlen lassen und durch ein Sieb gießen.

Senfkörner mahlen oder in einem Mörser zerkleinern. In eine Schüssel geben und die Weinmischung unter ständigem Rühren dazugießen. Honig, Öl und Gewürze unterrühren.

Die Mischung bei kleiner Hitze 3–5 Min. köcheln lassen. Dabei ständig rühren und darauf achten, dass Sie die Dämpfe nicht einatmen, da sie die Schleimhäute reizen können.

Fertigen Senf erkalten lassen, in ein oder mehrere Schraubgläser füllen, fest verschlossen im Kühlschrank aufbewahren. Idealerweise sollte er 2 Wochen reifen, aber er schmeckt auch schon vorher. Gekühlt ist er bis zu drei Monate haltbar.

Varianten Für fruchtigen Senf vor dem Abfüllen den Abrieb einer Bio-Orange hinzufügen. Für extra scharfen Senf zu Zwiebeln und Knoblauch ein wenig abgeriebenen Meerrettich dazugeben. Für Kräutersenf pürierte Kräuter wie Schnittlauch, Rosmarin, Dill oder Estragon vor dem zweiten Kochvorgang in die Mischung geben.

Tipp Selbstgemachter Senf eignet sich auch gut zum Verschenken.

Mayonnaise

Für 2 Portionen
⏲ 8 Min.

2 frische Bio-Eier • 1 Prise Salz • 150–200 ml natives Olivenöl Extra • 1–2 Knoblauchzehen • Saft von ½ Zitrone

- Eier trennen und Eigelbe mit Salz verrühren.

- Olivenöl in einem feinen Strahl dazugießen und mit dem Schneebesen unterrühren, bis eine Mayonnaise entsteht.

- Knoblauch schälen und sehr fein hacken oder durch eine Knoblauchpresse drücken. Knoblauch und Zitronensaft mit der Mayonnaise vermischen.

- Mayonnaise sofort verzehren.

Kurkuma-Mayonnaise

Für 1 Portion
⏲ 8 Min.

1 frisches Bio-Ei • 2 EL Zitronensaft • 1 Prise Salz • Pfeffer • 1 TL Kurkumapulver • 1 Knoblauchzehe • 75 ml natives Olivenöl Extra

- Ei trennen und Eigelb mit Zitronensaft und Gewürzen verrühren.

- Knoblauch schälen, fein hacken und unterrühren. Öl nach und nach einrühren, bis eine Mayonnaise entsteht. Sofort verzehren.

Balsamico-Creme

Für ca. 100 ml
⏲ 1–2 Std.

0,5 l Essig (z. B. erlaubter Weißweinessig oder Apfelessig) • 0,5 l erlaubter Apfel- oder Traubensaft • 2 EL Rohhonig • Gewürze nach Belieben, z. B. ½ Zimtstange, Nelken, Chilipulver, Muskat • sterilisierte Marmeladengläser oder Glasflaschen mit Schraubverschluss und Deckel

- Essig, Saft, Rohhonig und Gewürze unter Rühren aufkochen und so lange köcheln lassen, bis alles eingedickt ist. Dabei immer wieder umrühren.

- Nach etwa 1 Std. die nicht gemahlenen Gewürze herausfischen. Danach so lange weiter köcheln lassen, bis die Mischung eine sirupartige Konsistenz erreicht hat (nach insgesamt bis zu 2 Std.).

- Die Balsamico-Creme abkühlen lassen und in verschließbare Glasbehältnisse füllen. Im Kühlschrank hält sich die Balsamico-Creme mehrere Monate.

Tipp Während des Einkochens nicht direkt in den Topf schauen, da Essigdampf reizen kann. Ggf. Fenster öffnen oder Dunstabzugshaube anstellen.

Sojasaucen-Ersatz

Für ca. 150 ml
5 Min. + 15–20 Min. Kochzeit

2 Knoblauchzehen • 2 cm Ingwer • 60 ml erlaubter Rotweinessig • 4 EL Rohhonig • 1/4 TL Pfeffer • 700 ml gefiltertes Wasser • 1 TL Salz • 1 kleine verschließbare Flasche

- Knoblauch schälen und fein hacken. Ingwer schälen und reiben.

- Knoblauch, ¼ TL des geriebenen Ingwers und alle restlichen Zutaten bei mittlerer Hitze 15–20 Min. köcheln lassen, bis sich die Flüssigkeit auf 120–150 ml reduziert hat.

- In eine Flasche füllen und im Kühlschrank aufbewahren. Die Sauce ist bis zu 2 Wochen haltbar.

Tahini

Für ca. 500 ml
10 Min. + 10 Min. zum Rösten

450 g Sesamsamen • 4–8 EL natives Olivenöl Extra • 1 Schraubglas mit Deckel

- Backofen auf 180 °C vorheizen.

- Sesamsamen auf einem Backblech verteilen und 8–10 Min. rösten, aber nicht dunkel werden lassen. Abkühlen lassen.

- In einen Mixer geben und pürieren. Öl allmählich hinzugeben, bis eine cremige, dickflüssige Konsistenz erreicht ist.

- In ein Glas füllen und verschließen. Kann mehrere Monate im Kühlschrank aufbewahrt werden.

Hinweis Samen sollten bei der SCD erst verzehrt werden, wenn man mindestens 3 Monate symptomfrei war.

Tipp Sesamsamen werden bekömmlicher, wenn man sie vor dem Verzehr einweicht und keimen lässt. Hierfür auf 1 Teil Sesamsamen 3 Teile gefiltertes Wasser geben und mindestens 8 Std. abgedeckt stehen lassen. Samen in ein Sieb geben und das Einweichwasser wegschütten. Samen nochmals unter fließendem Wasser abspülen und in einem Dörrgerät oder im Backofen bei geringer Hitze trocknen, bevor man sie weiterverarbeitet.

Kräuterpaste

Für mehrere kleine Gläser
10 Min.

100 g Kräuter nach Wahl • 100 ml natives Olivenöl Extra • 1 Prise Salz • kleine verschließbare Gläser mit Deckel (möglichst dunkel und steril)

- Kräuter waschen, trocken tupfen und grob hacken.
- Zusammen mit Olivenöl und Salz im Mixer pürieren.
- In Gläser füllen und gut verschließen.
- Kühl und dunkel aufbewahren, so hält sich die Paste mehrere Monate.

Tipp Die Paste kann vielseitig eingesetzt werden, z. B. zum Aromatisieren von Salatsaucen und Suppen oder zum Würzen von SCD-Frischkäse.

Za'atar

Für 1 kleines Glas
5 Min.

1 EL Sesamsamen • 1 EL getrockneter Thymian (oder Oregano) • 1 EL Koriander (gemahlen oder ganze Körner) • 1 EL Kreuzkümmel (gemahlen oder ganze Samen) • 1 EL Sumach • ½ TL Salz • ¼ TL Chiliflocken (optional)

- Sesamsamen in einer Pfanne leicht rösten, ohne dass sie anbrennen. Abkühlen lassen.
- Zusammen mit den Kräutern und gemahlenen Gewürzen in ein Schraubglas geben, verschließen und gut durchschütteln.

Das passt dazu Hummus (Seite 85) oder Labneh-Bällchen (Seite 82)

Tipp Besonders aromatisch wird die Mischung, wenn Sie Korianderkörner und ganze Kreuzkümmelsamen in einer Pfanne rösten und dann fein mahlen.

Garam Masala

Für 1 kleines Glas
5 Min.

1 EL gemahlener Kreuzkümmel • 2 TL gemahlener Koriander • 2 TL gemahlener Kardamom • 1½ TL Zimtpulver • 1 TL gemahlener Pfeffer • ½ TL geriebene Muskatnuss • ½ TL Nelkenpulver • ¼ TL Cayennepfeffer

- Alle Gewürze in ein Glas füllen, zuschrauben und gut durchschütteln.

Ras el Hanout

Für 1 kleines Glas (ca. 12 Portionen)
5 Min.

1 TL Salz • 1 TL gemahlener Kreuzkümmel • 1 TL Ingwerpulver • 1 TL Kurkumapulver • ¾ TL Zimtpulver • ¾ TL gemahlener schwarzer Pfeffer • ¾ TL gemahlener weißer Pfeffer • ½ TL gemahlene Koriandersamen • ½ TL Muskatnuss • ¼ TL gemahlene Nelken

- Alle Gewürze in ein Glas füllen, zuschrauben und gut durchschütteln.

Kräuter der Provence

Für ca. 6 EL
5 Min.

1 EL getrockneter Rosmarin • 1 EL getrocknetes Bohnenkraut • 1 EL getrockneter Oregano • 1 EL Thymian • 1 EL Lavendelblüten • 1 Lorbeerblatt • 1 EL Fenchelsamen

- Alle Zutaten in einem Mörser oder einer Gewürzmühle zerkleinern.
- In ein Schraubglas füllen, verschließen und gut durchschütteln.
- Kühl und dunkel aufbewahren.

Zimt-Gewürz-Mischung

Für 1 TL
3 Min.

½ TL Zimtpulver • ¼ TL gemahlene Nelken • ¼ TL geriebene Muskatnuss

- Alle Gewürze miteinander vermischen und gleich verwenden oder in ein luftdicht verschließbares Behältnis abfüllen.

Vanille-Extrakt

Für 240 ml

10 Min. + 2–12 Monate Reifezeit

4–6 Vanilleschoten • ca. 240 ml Wodka • 1 steriles Schraubglas mit Deckel

- Vanilleschoten in Längsrichtung aufschneiden, Samen herauskratzen und in ein steriles Schraubglas füllen. Leere Schoten entweder ganz oder in Stücke geschnitten ebenfalls in das Glas geben.

- Mit so viel Wodka aufgießen, dass alles bedeckt ist. Schraubglas verschließen und gut durchschütteln.

- Mindestens 2 Monate kühl und dunkel aufbewahren. Dabei in den ersten 1–2 Wochen täglich mehrmals gut durchschütteln, danach nur noch gelegentlich. Nach 6–12 Monaten Reifezeit entwickelt sich ein volleres Aroma.

Tipp Anstatt das Extrakt komplett aufzubrauchen, kann man immer wieder etwas Wodka nachfüllen. Wenn das Extrakt seine gehaltvolle braune Farbe und sein intensives Vanillearoma verliert, sollten einige der alten Vanilleschoten durch frische ersetzt werden.

Ghee (geklärte Butter)

Für ca. 300 g

20 Min.

1 Teesieb aus Metall • 1 aufgeschnittene, nicht zu feine Teefiltertüte (z. B. Profissimo) • 1 sterilisiertes Schraubglas mit Deckel • 500 g Süßrahmbutter (Bio-Qualität)

- Butter grob würfeln, langsam bei geringer Hitze schmelzen und ohne umzurühren offen vor sich hin köcheln lassen. Den Schaum kontinuierlich mit einem Ess- oder Schaumlöffel so lange abschöpfen, bis die Flüssigkeit klar ist.

- Das Ghee ist fertig, wenn es eine goldgelbe Farbe hat und karamellartig duftet.

- Teesieb mit der aufgeschnittenen Teefiltertüte auskleiden und in das Schraubglas hängen. Heißes Ghee durch das Sieb gießen, abkühlen lassen und den Deckel zuschrauben.

Tipp Den ungespülten Kochtopf kühl stellen und zum Aufwärmen von Gemüseresten benutzen. So kann man die Ghee-Reste noch verwerten und muss einen Topf weniger spülen.

SCD-Joghurt

Für 8 Portionen à 125 ml

5 Min. + 60 Min. Abkühlzeit + 24 Stunden Fermentierungszeit + 6 Stunden Kühlzeit

- 1 l Bio-Vollmilch (oder fettarme Milch)
- 4 EL gekaufter Naturjoghurt (ohne Zusätze) mit aktiven Bakterienstämmen als Starter (s. Tipp)
- Joghurtbereiter

- Milch unter gelegentlichem Rühren auf ca. 95 °C erhitzen, um etwaige unerwünschte Bakterien abzutöten, aber nicht kochen lassen.

- Vom Herd nehmen und bei geschlossenem Deckel auf Körpertemperatur (ca. 40–45 °C) abkühlen lassen. Sie können diesen Vorgang beschleunigen, indem Sie die Milch in ein kaltes Wasserbad stellen. Die Milch darf nicht mehr heiß sein, da sonst die Bakterien, die Sie im nächsten Schritt mit dem Starter hinzufügen, abgetötet werden. Das Gleiche geschieht jedoch auch, wenn die Milch zu kalt ist. Deshalb ist es sehr wichtig, dass die Milch die richtige Temperatur hat.

- Eine kleine Menge der abgekühlten Milch in eine Tasse geben und darin mit dem Naturjoghurt verrühren, sodass sich eine cremige Konsistenz ergibt. Beides in die restliche Milch geben und gut umrühren.

- Milch in vorgesehene Behältnisse des Joghurtbereiters gießen und diese verschließen.

- Der Joghurt muss nun mindestens 24 Stunden bei einer Temperatur von 38–43 °C fermentieren. Nur dann kann davon ausgegangen werden, dass er keinen Milchzucker (Laktose) mehr enthält und sich die Milchsäurebakterien munter vermehrt haben.

- Fertigen Joghurt abkühlen lassen und danach im Kühlschrank aufbewahren. Er braucht einige Stunden, bis er sich gesetzt hat.

- Selbstgemachter Joghurt kann wieder als Starter benutzt werden. Es besteht jedoch die Gefahr, dass die Aktivität der darin enthaltenen Bakterien mit der Zeit abnimmt und die Qualität des Joghurts darunter leidet. Deshalb ist es besser, gekauften Joghurt als Starter zu benutzen.

Variante SCD-Joghurt kann auch mit Ziegenmilch, selbstgemachter Mandel- oder Kokosmilch (Seite 70) zubereitet werden. Ziegenmilch muss ebenfalls erhitzt werden. Benutzt man selbstgemachte Mandel- oder Kokosmilch, müssen Honig und Gelatine zugefügt werden. Honig dient den Bakterien als Nahrung, denn diese beiden Milcharten enthalten keinen Milchzucker. Gelatine gibt dem Joghurt mehr Konsistenz.

Tipp Empfohlene Bakterienstämme sind Lactobacillus bulgaricus, Lactobacillus acidophilus und Streptococus thermophilus. Laut Elaine Gottschall sollten Bifidus-Bakterienstämme gemieden werden, da sie dazu neigen können, den Darm zu überwuchern.[19]

Selbstgemachte Kokosmilch

Für 1 l Kokosmilch
⏲ 10 Min. + Abkühlzeit

250 g Kokosraspel • 1 l Wasser (gefiltert oder stilles Wasser) • 1 feines Sieb oder 1 Nussmilchbeutel (möglichst nicht aus Kunstfasern, Mikroplastik!) • Glasflasche mit Schraubverschluss und Deckel (z. B. gespülte Milchflasche)

- Kokosraspel und Wasser zum Kochen bringen. Bei kleiner Hitze 5 Min. köcheln lassen.
- Topf vom Herd nehmen, die Mischung auf Zimmertemperatur abkühlen lassen, in einen Mixer geben und einige Minuten pürieren.
- Flüssigkeit durch ein sehr feines Sieb oder einen Nussmilchbeutel abgießen. Kokosmilch auffangen, in eine Glasflasche füllen und kühlstellen.
- Kokosmilch hält sich 2–4 Tage im Kühlschrank. Vor dem Verzehr gut durchschütteln.

SCD-Joghurt aus Kokosmilch

Für 2 l
⏲ 10 Min. + 10–16 Std. Fermentierungszeit + 6–8 Std. Ruhezeit

2 l frische Kokosmilch (Rezept links) • 1 EL + 1 TL Gelatinepulver • 1 TL Rohhonig • 1–2 TL Joghurtkulturen-Pulver (Starter) • Joghurtbereiter

- Etwa 125 ml Kokosmilch in ein Gefäß geben und Gelatine und Honig darin auflösen.
- Joghurt-Starter hinzufügen und alles gut vermischen.
- Die Mischung in die restliche Kokosmilch einrühren und gut vermischen.
- Die Flüssigkeit in die Behältnisse des Joghurtbereiters füllen und bei 38–43 °C für 10 bis 16 Std. im Joghurtbereiter fermentieren.
- Fertigen Joghurt 6–8 Std. im Kühlschrank ruhen lassen.

Tipp Den im Kühlschrank gekühlten Joghurt kurz durchschütteln, bevor er fest geworden ist. Auf diese Weise behält er seine sämige Konsistenz.

Selbstgemachte Mandelmilch

Für 2 Portionen
⏲ 12–24 Std. Einweichzeit + 15 Min.

100 g Mandeln • gefiltertes Wasser zum Einweichen • 250 ml kaltes Wasser (gefiltert oder stilles Wasser) • sehr feines Sieb oder Nussmilchbeutel (nicht aus Kunstfasern, Mikroplastik!) • Glasflasche mit Schraubverschluss und Deckel

- Mandeln in einer ausreichenden Menge Wasser einweichen und abgedeckt stehen lassen.
- Am nächsten Tag das Einweichwasser wegschütten und die Mandeln schälen, wodurch eine feinere und bekömmlichere Milch entsteht.
- Mandeln mit dem Wasser ca. 3 Min. bei hoher Geschwindigkeit mixen, bis eine cremige Flüssigkeit entstanden ist. Diese durch ein sehr feines Sieb oder einen Nussmilchbeutel abgießen und die Milch auffangen.
- Mandelmilch hält sich im Kühlschrank mind. 3 Tage.

Variante Für eine süßere Milch beim Mixen einige eingeweichte Rosinen oder Datteln hinzufügen.

Tipp Die Pressreste (Pulpe), die bei der Herstellung von Mandelmilch entstehen, können zur Herstellung von Mandelmehl (Rezept rechts) verwendet werden.

Mandelmehl aus Pulpe

Für ca. 30 g
⏲ 5 Min. + 10–12 Std. Trocken- bzw. Dörrzeit

100 g Pulpe aus 100 g Mandeln

- Feuchte Pulpe (Pressrest) aus der Herstellung von Mandelmilch (Rezept links) mit den Fingern zerkrümeln und auf einem mit Backpapier ausgelegten Backblech oder der Dörrablage eines Dörrgerätes verteilen. Bei 40 °C 10–12 Std. trocknen lassen.
- Getrocknete Pulpe in einem Standmixer in ca. 10 Sek. staubfein mahlen. Das Mehl darf nicht mehr klumpen. Ansonsten muss es nachgetrocknet werden.
- Nussmehl in einen verschließbaren Vorratsbehälter füllen und kühl und trocken lagern. Im Kühlschrank hält es sich luftdicht verschlossen einige Wochen.

Tipp Pulpe lässt sich auch einfrieren und kann so gesammelt werden, bis eine größere Menge zusammenkommt, aus der es sich lohnt, Mandelmehl zuzubereiten.

SCD-saure-Sahne

Für 8 Portionen à 125 ml
5 Min. + Abkühlzeit + 24–48 Std. Fermentierungszeit + 6 Std. Kühlzeit

1 l Schlagsahne (ohne Zusätze, möglichst Bio-Qualität) • 4 EL gekaufter Naturjoghurt (ohne Zusätze) mit aktiven Bakterienstämmen als Starter • Joghurtbereiter

- Saure Sahne wird wie SCD-Joghurt (Seite 68) zubereitet.

- Sahne neigt beim Erhitzen eher dazu, anzuhängen oder überzukochen. Es empfiehlt sich daher, am Herd zu bleiben und die Sahne gelegentlich umzurühren.

- Saure Sahne erst auf das Essen geben, wenn es bereits auf dem Teller angerichtet ist, damit die gesunden Bakterien nicht von der Hitze zerstört werden.

Tipp Saure Sahne wirkt leicht abführend, was Patienten, die zu Verstopfung neigen, zugutekommt.

SCD-Frischkäse

Für 1 große Portion (ca. die Hälfte der benutzten Joghurtmenge)
10 Min. + 8–12 Stunden Abtropfzeit

1 Sieb • 1 Passiertuch oder Nussmilchbeutel • größere Menge SCD-Joghurt (damit sich der Aufwand lohnt)

- Sieb mit dem Passiertuch auskleiden und in eine tiefe Schüssel hängen.

- Kalten Joghurt in das Sieb füllen und Stoff über dem Sieb zusammendrehen.

- 8–12 Std. abtropfen lassen, idealerweise im Kühlschrank. (Gemäß Elaine Gottschall ist dies jedoch nicht notwendig.)

- Fertigen Frischkäse in einem verschließbaren Gefäß im Kühlschrank aufbewahren.

Tipp Als Passiertücher eignen sich auch Baumwollwindeln. Diese gibt es im 10er-Pack und sogar in Bio-Qualität recht preiswert zu kaufen. Nach dem Waschen kann man sie noch einmal auskochen, damit keine Waschmittelrückstände mehr vorhanden sind, die in den Frischkäse gelangen könnten.

Selbstgemachtes Sauerkraut

Für ca. 1 kg Sauerkraut

25 Min. + 5–10 Tage Fermentierungszeit

- 1 kleiner bis mittelgroßer Kohlkopf (weiß, rot oder gemischt)
- Salz
- 1 Glas- oder Tongefäß (ca. 1,5 l)
- 1 kleiner Teller als Deckel (∅ ca. 1 cm kleiner als der des Gefäßes)
- 1 Gewicht (z. B. gewaschener Stein)
- 1 sauberes Geschirrtuch
- 2 Schraubgläser

- Äußere Kohlblätter entfernen. 1 Blatt aufheben und gut waschen. Kohl in Viertel schneiden, Strunk entfernen, Viertel halbieren. Jedes Achtel quer in feine Streifen schneiden.

- Kohl in einer Schüssel mit 1 EL Salz pro 1 kg Schnittgut bestreuen. Mit gewaschenen Händen 5–10 Min. gut durchkneten, bis er Wasser zieht und weich wird. Falls er nicht saftig genug ist, etwas gefiltertes Wasser hinzufügen.

- Mischung in ein Gefäß füllen und fest nach unten pressen. Mit dem gewaschenen Blatt abdecken, damit nichts an der Oberfläche schwimmt. Deckel auflegen und beschweren, sodass das Kraut mit Flüssigkeit bedeckt ist. Dies verhindert den Kontakt mit Luft, der dazu führen würde, dass das Kraut verdirbt statt zu fermentieren. Zwischen dem Deckel und dem Rand des Gefäßes muss ein kleiner Spalt sein, damit die Fermentierungsgase entweichen können.

- Alles mit einem sauberen Geschirrtuch abdecken und dunkel aufbewahren. Die ideale Temperatur liegt bei 18–24 °C. Das Sauerkraut ist nach 5–10 Tagen fertig. Achten Sie darauf, dass sich kein Schimmel bildet.

- Sauerkraut in Schraubgläser umfüllen und verschlossen im Kühlschrank aufbewahren. Es hält sich 2 Monate oder länger.

FRÜHSTÜCK, SNACKS & DIPS

Bananen-Heidelbeer-Smoothie

Für 2 Portionen

5 Min.

1–2 Bananen • 1 Handvoll Heidelbeeren • 2 Gläser selbstgemachte Mandelmilch (Seite 71) • 1 Msp. Zimt • 2 TL Rohhonig

- Bananen schälen und in größere Stücke schneiden. Heidelbeeren waschen.

- Mit Mandelmilch, Zimt und Honig fein pürieren.

Variante Schmeckt auch lecker mit Erdbeeren oder Himbeeren.

Tipp Wenn Sie plötzlich viel zu viele reife Bananen haben, können Sie sie pürieren, einfrieren und für den nächsten Smoothie benutzen.

Mango-Lassi

Für 2 Portionen
5 Min. + 2 Std. Kühlzeit

2 reife Mangos • 250 ml SCD-Joghurt • 2 TL Rohhonig (optional)

- Mangos schälen, entsteinen und in größere Stücke schneiden. Ca. 2 Std. ins Gefrierfach stellen, bis sie leicht gefroren sind und eine feste Konsistenz haben.

- Gefrorene Mangos mit Joghurt und ggf. Honig in einen Standmixer geben und fein pürieren.

Tipp Nicht zu kalt trinken!

Zimtwaffeln

Für 2 Portionen
5 Min. + Backzeit (je nach Waffeleisen)

4 Eier • 110 g Mandelmehl • 1 EL Honig • 1 Prise Salz • 1 Msp. Zimt • etwas Ghee für das Waffeleisen

- Waffeleisen vorheizen.

- Eier in einer Schüssel verquirlen. Restliche Zutaten dazugeben und zu einem geschmeidigen Teig verrühren.

- Waffeln im vorgeheizten Waffeleisen backen.

Variante Der Teig eignet sich auch als Pfannkuchenteig.

Gedämpfte Äpfel

Für 2 Portionen
10 Min.

2 große Äpfel (möglichst Kochäpfel) • 4 Nelken • 1 Prise Zimt • 1 TL Rohhonig

- Äpfel waschen, schälen und in Spalten schneiden.

- Mit Nelken in einen Topf geben und mit Zimt bestreuen. Etwas gefiltertes Wasser (etwa 1 Fingerbreit hoch) zugießen. 5–7 Min. köcheln lassen, bis die Äpfel weich sind.

- Nelken herausnehmen und nach Wunsch mit etwas Rohhonig süßen.

Schneller Bananen-Snack

Für 2 Portionen
5 Min.

2 Bananen • Erdnussbutter (SCD-kompatibel) • 2 EL ungesüßte Kokosraspel

- Bananen schälen, in Längsrichtung aufschneiden und auf zwei kleine Teller legen.

- Großzügig mit Erdnussbutter bestreichen und mit Kokosraspeln bestreuen.

Granola-»Knuspermüsli«

Für 4 Portionen
15 Min. + 30 Min. Backzeit

2 cm Ingwer • 4 selbstgebackene Heidelbeer-Muffins (Seite 156) • 60 g Walnusshälften • 45 g Mandelblättchen • 50 g Kokosraspel • 40 g selbstgemachte Bananenchips (ohne Zucker) • 40 g Rosinen • 1 Msp. Zimt

- Backofen auf 95 °C vorheizen. Backblech mit Backpapier auslegen.
- Ingwer schälen und reiben.
- Heidelbeer-Muffins in einer Plastiktüte zerkrümeln und Krümel auf dem Backblech gleichmäßig verteilen. Mit geriebenem Ingwer bestreuen. Ca. 30 Min. im Backofen rösten, bis sie knusprig sind.
- Aus dem Backofen nehmen und erkalten lassen.
- Walnusshälften grob hacken und mit den Mandelblättchen und den Kokosraspeln ca. 5 Min. in einer Pfanne rösten.
- Alle Zutaten in ein großes Schraubglas füllen und miteinander vermischen.

Tipp Granola über eine Portion SCD-Joghurt streuen und mit frischem Obst genießen.

Energiebällchen

Für 15 Stück
15 Min.

125 g Kokosraspel (ungesüßt) • 225 g Datteln (ohne Zucker oder andere Zusätze) • 225 Feigen (ohne Zucker oder andere Zusätze) • 150 g Mandelblättchen • 1 Msp. Zimt • 100 ml gefiltertes Wasser

- 75 g Kokosraspel auf einen flachen Teller streuen und beiseitestellen.
- 50 g Kokosraspel, Datteln, Feigen und Mandelblättchen in einem Standmixer pürieren. Wasser allmählich dazugeben und mixen, sodass ein klebrige, aber keine flüssige Masse entsteht.
- Mit den Händen golfballgroße Kugeln formen und diese in den Kokosraspeln auf dem Teller rollen.
- Im Kühlschrank aufbewahrt und luftdicht verpackt, sind diese leckeren Snacks bis zu 2 Wochen haltbar.

Bananen-Pancakes aus Kokosmehl

Für 2–3 Portionen
5 Min. + 5 Min. Quellzeit + 20 Min. zum Ausbacken

2 sehr reife Bananen • 4 Eier • 2 gehäufte EL Kokosmehl • 1 Msp. Zimt • 1 Prise Salz • 1 EL SCD-Jogurt (Seite 68) oder SCD-saure-Sahne (Seite 72) • 2–3 EL Kokosöl zum Braten

- Bananen schälen und mit einer Gabel zerdrücken.

- Eier in einer Schüssel verquirlen. Mit dem Bananenmus und den restlichen Zutaten (außer Kokosöl) zu einer cremigen Masse verrühren. Ca. 5 Min. quellen lassen.

- Kokosöl in einer Pfanne erhitzen. Pancake-Masse esslöffelweise in die Pfanne geben und glattstreichen. (1 EL Teig pro Pancake und ca. 5 Pancakes pro Pfanne, dann lassen sie sich leichter wenden.)

- Pancakes von beiden Seiten goldbraun backen, aus der Pfanne nehmen und im Ofen warmhalten, während Sie den restlichen Teig nach und nach ausbacken.

Das passt dazu SCD-Joghurt, saure Sahne, gedämpfte Äpfel oder frisches Obst

Variante 1–2 Bananen schälen und in Längsrichtung halbieren. In Kokosöl oder Ghee von beiden Seiten goldgelb braten. Mit 1 Msp. Zimt bestreuen und mit den Pfannkuchen anrichten. Mit 1 EL saurer Sahne garnieren.

Tzatziki

Für 2 Portionen
8 Min.

½ Gurke • 1–2 Knoblauchzehen • 1 Bund frische Minze • 200 g SCD-Joghurt (Seite 68) • Salz • Pfeffer

- Gurke waschen, schälen und in Längsrichtung halbieren. Samenkerne entfernen und Gurke in eine Schüssel raspeln.

- Knoblauch schälen und fein hacken.

- Minzeblättchen abzupfen, waschen und mit dem Wiegemesser klein schneiden.

- Alles mit Joghurt vermischen und mit Salz und Pfeffer abschmecken.

SCD-Frischkäse mit Gurke

Für 2 Portionen
5 Min.

¼ Gurke • 1 Knoblauchzehe • 125 g SCD-Frischkäse (Seite 72) • Salz • Pfeffer

- Gurke waschen, schälen und grob raspeln.

- Knoblauch fein hacken.

- Beides mit dem Frischkäse verrühren und mit Salz und Pfeffer abschmecken.

» Bananen-Pancakes aus Kokosmehl

Rucola-Dip

Für 2 Portionen
5 Min.

1 Handvoll Rucola • einige EL SCD-Frischkäse (Seite 72) • Salz • Pfeffer • Paprikapulver • natives Olivenöl Extra

- Rucola waschen, trocken tupfen und mit einem Wiegemesser klein schneiden.

- Mit Frischkäse verrühren und mit Gewürzen abschmecken. Mit etwas Olivenöl beträufeln.

Haselnuss-Dip

Für 4 Portionen
8 Min.

40 g Haselnüsse • 1 EL natives Olivenöl extra • 110g SCD-Joghurt (Seite 68) • Salz • Pfeffer • Paprikapulver

- Haselnüsse trocken in einer Pfanne rösten und fein mahlen.

- Mit den restlichen Zutaten verrühren und mit Salz, Pfeffer und 1 Msp. Paprikapulver würzen.

Frischkäse-Dip mit Meerrettich

Für 2 Portionen
10 Min.

1 Karotte • 1 kleines Stück Meerrettich • ½ säuerlicher Apfel • 1 EL Zitronensaft • 200 g SCD-Frischkäse (Seite 72) • Pfeffer • Salz

- Karotte und Meerrettich waschen, schälen und fein reiben.

- Apfel in kleine Würfel schneiden und mit etwas Zitronensaft beträufeln.

- Alles mit dem Frischkäse vermischen und mit Pfeffer und Salz abschmecken.

Frischkäse-Dip mit Kräutern

Für 2 Portionen
8 Min.

1 Bund frische Kräuter nach Wahl • 1 Knoblauchzehe • 200 g SCD-Frischkäse (Seite 72) • 1 EL Zitronensaft • Salz • Pfeffer • Paprikapulver

- Kräuter waschen, trocken tupfen und mit dem Wiegemesser klein schneiden.

- Knoblauchzehe schälen und fein hacken.

- Frischkäse mit Zitronensaft, Kräutern und Knoblauch verrühren und mit Gewürzen abschmecken.

Basilikum-Pesto

Für 1 kleines Glas
⏲ 20 Min.

1 großer Bund Basilikum • 40 g Parmesankäse am Stück • 40 g Walnüsse • 2 Knoblauchzehen • 3 EL natives Olivenöl Extra • 2 EL stilles Wasser • Salz • Pfeffer

- Basilikum waschen und die Blätter abzupfen. Parmesan reiben. Walnüsse in einer Pfanne ohne Fett rösten. Knoblauchzehen schälen.
- Alle Zutaten mit einem Teil des Öls in einem Mixer pürieren.
- Nach und nach den Rest des Öls und ggf. noch etwas Wasser dazugeben. Mit Salz und Pfeffer abschmecken.
- Pesto in ein Schraubglas füllen. Auf die Oberfläche des Pestos etwas Olivenöl geben, um die Haltbarkeit zu erhöhen. Verschlossen hält er sich bis zu 10 Tage im Kühlschrank.

Tipp Pestos eignen sich als Dressing, zum Dippen, als Aufstrich und als Sauce für Zoodles.

Rote Bete-Pesto

Für 1 großes Glas
⏲ 30 Min. + 1 Std. Backzeit

200 g Rote Bete • 2 EL natives Olivenöl Extra • 150 g Walnüsse • 1 Bio-Zitrone • 1 großer Bund frisches Basilikum • 5 Knoblauchzehen • 150 g Parmesankäse am Stück • 225 ml natives Olivenöl Extra • Salz • Pfeffer

- Backofen auf 180 °C vorheizen.
- Rote Bete waschen, mit einer Gemüsebürste abschruppen, aber nicht schälen. Trocken tupfen, auf ein gefettetes Blech legen, mit Olivenöl bepinseln und ca. 1 Std im Backofen garen oder bis sie weich sind. Zwischendurch überprüfen. Dann die Schale entfernen und Rote Bete vierteln.
- Walnüsse in einer Pfanne ohne Fett ca. 5 Min. rösten.
- Zitrone heiß abwaschen und abtrocknen. Schale fein abreiben und Zitrone auspressen.
- Basilikum waschen, trocken schütteln und die Blätter abzupfen. Knoblauchzehen schälen. Parmesan reiben.
- Alle Zutaten mit einigen EL des Olivenöls pürieren. Das restliche Öl nach und nach dazugeben. Mit Pfeffer und Salz abschmecken.
- Hält sich verschlossen 2–3 Tage im Kühlschrank. Auf die Oberfläche des Pestos eine dünne Schicht Olivenöl geben, um die Haltbarkeit zu erhöhen.

Frischkäse mit Tomaten und Basilikum

Für 2 Portionen
⏲ 10 Min.

4–5 Tomaten • Salz • Pfeffer • frisches Basilikum • 1 Knoblauchzehe • 250 g SCD-Frischkäse (Seite 72) • 1–2 EL selbstgemachte Balsamico-Creme (optional, Seite 63) • 1–2 EL natives Olivenöl Extra

- Tomaten waschen, abtrocknen, in Scheiben schneiden und einen großen Teller damit belegen. Nach Belieben mit Salz und Pfeffer würzen.
- Basilikumblätter waschen und trocken tupfen. Beiseitestellen.
- Knoblauch schälen, durch die Knoblauchpresse drücken und unter den Frischkäse mischen.
- Nocken vom Frischkäse abstechen und gleichmäßig auf den Tomatenscheiben verteilen.
- Mit Balsamico-Creme und Olivenöl beträufeln und großzügig mit Basilikumblättern garnieren.

Eingelegte Labneh-Bällchen

Für ca. 15 Bällchen
⏲ 15 Min.

1 Portion SCD-Frischkäse (Seite 72, 48 Std. abgetropft, erst dann ist er formbar) • natives Olivenöl Extra

Zum Bestreuen
frische Kräuter (z. B. glatte Petersilie, frische Minze, Schnittlauch) oder Gewürze (z. B. Za'atar (Seite 65) • Chiliflocken, getrocknete Minze)

- Aus dem SCD-Frischkäse mit den Händen gleichgroße Kugeln mit 2–3 cm ⌀ formen und in einem Einmachglas aufeinanderschichten.
- Mit Olivenöl auffüllen, bis alle Kugeln bedeckt sind. An einem dunklen Platz aufbewahrt, sollen die Kugeln mehrere Monate haltbar sein. Bewahrt man sie im Kühlschrank auf, wird das Olivenöl fest.
- Die Kugeln nach Bedarf entnehmen und mit frischen, fein gehackten Kräutern oder Gewürzen bestreuen.

Tipp Labneh bedeutet auf Arabisch Milch. Man versteht darunter alles, was mit vergorener Milch zu tun hat.

» Frischkäse mit Tomaten und Basilikum

Guacamole

Für 2 Portionen
8 Min.

2 reife Avocados • Saft von ½ Zitrone • 1 Knoblauchzehe • ½ rote Chilischote (optional) • 1 kleine reife Tomate • 1 EL SCD-saure-Sahne (optional, Seite 72) • Salz • Pfeffer

- Avocados waschen, halbieren und den Kern entfernen. Fruchtfleisch mit einem Teelöffel herausheben und mit einer Gabel zerdrücken. Mit Zitronensaft beträufeln.

- Knoblauch schälen und fein hacken. Chilischote längs aufschneiden, Samen entfernen und eine Hälfte der Schote sehr fein schneiden. Tomate waschen und in kleine Würfel schneiden.

- Alle Zutaten mit dem Avocadopüree vermischen.

- Saure Sahne unterrühren, mit Salz und Pfeffer abschmecken und am besten sofort verzehren.

Tipp Guacamole ist universell einsetzbar: als Snack, als Vorspeise, zum Dippen oder als Aufstrich.

Guacamole mit Pfiff

Für 2 Portionen
10 Min.

2 reife Avocados • 1 EL frischer Limettensaft • ½ Zwiebel • 1 Knoblauchzehe • ½ Peperoni • 1 Tomate • einige Stängel frischer Koriander • 1 Msp. gemahlener Kreuzkümmel • Salz • Pfeffer

- Avocados waschen, halbieren und den Kern entfernen. Fruchtfleisch mit einem Teelöffel herausheben und mit einer Gabel zerdrücken. Mit Limettensaft beträufeln.

- Zwiebel schälen und fein würfeln. Knoblauch schälen und fein hacken. Peperoni längs aufschneiden, Samen entfernen und eine Hälfte der Schote sehr fein schneiden. Tomate waschen und in kleine Würfel schneiden. Koriander waschen und Blätter fein schneiden.

- Alle Zutaten mit dem Avocadopüree vermischen und mit den Gewürzen abschmecken. Am besten gleich verzehren.

Tipp Um innerhalb von 1–2 Tagen reife Avocados zu erhalten, legen Sie sie neben Bananen oder Bananenschalen. Sie geben das Gas Ethylen ab, das den Reifungsprozess der Avocados beschleunigt.

Bohnen-Hummus

Für 2 Portionen
5 Min. + Zubereitungszeit für Bohnen

½ Zitrone • 1 Knoblauchzehe • 400 g gekochte weiße Bohnen (nach dem Grundrezept SCD-Bohnen, Seite 119, entspricht ca. 160 g getrockneten Bohnen) • 2 EL Tahini (Seite 64) • Salz • weißer Pfeffer • ½ TL gemahlener Kreuzkümmel • 2 EL natives Olivenöl Extra • evtl. etwas kaltes Wasser

- Zitrone auspressen. Knoblauch schälen und klein schneiden. Beides mit gekochten Bohnen, Tahini und Gewürzen pürieren. Dabei Olivenöl nach und nach dazugießen.
- Damit der Hummus eine cremige Konsistenz bekommt, bei Bedarf noch etwas kaltes Wasser während des Pürierens hinzufügen.
- Abschmecken und ggf. nachwürzen.

Das passt dazu Dip-Gemüse (Seite 115), Blechgemüse oder Salat

Varianten Für Rote-Bete-Hummus beim Pürieren zusätzlich 1 kleine gekochte Rote Bete dazugeben.
Für Kräuter-Hummus frische Kräuter wie Rosmarin, Thymian, Basilikum, Zitronenmelisse oder Minze waschen, trocken tupfen, Blättchen abzupfen und beim Pürieren dazugeben.

Tipp Normalerweise wird diese orientalische Spezialität aus Kichererbsen zubereitet. Ich nutze jedoch weiße Bohnen, denn Kichererbsen sind von der SCD ausgeschlossen.

Gurken-Salsa

2–3 Portionen
15 Min.

1 Gurke • ½ Zwiebel • 1 Knoblauchzehe • einige Stängel Petersilie • einige Stängel Koriander • 1 rote Chilischote • ½ Limette • Salz • Pfeffer

- Gurke waschen, schälen und grob raspeln.
- Zwiebel schälen und fein hacken. Knoblauchzehe schälen und fein schneiden.
- Petersilie und Koriander waschen, trocken schütteln und Blätter fein hacken.
- Chilischote waschen, längs aufschneiden, entkernen und fein hacken.
- Alles miteinander vermischen.
- Limette auspressen und 2 EL Saft unterrühren.
- Mit Salz und Pfeffer abschmecken.

BRÜHEN, SUPPEN & EINTÖPFE

Echte Gemüsebrühe

Für 4 Portionen
10 Min. + 30 Min. Garzeit

2 Zwiebeln • 1 Lauchstange • 1 kleiner Fenchel (optional) • 2 Karotten • 2 Stangen Staudensellerie • 3 reife Tomaten • einige Stängel Petersilie • 4 Knoblauchzehen • 1 EL natives Olivenöl Extra • 3 Lorbeerblätter • 1 EL Pfefferkörner

- Zwiebeln schälen und vierteln. Lauchenden abschneiden und äußere Blätter entfernen. Längs aufschneiden, abspülen und in grobe Stücke schneiden. Fenchel waschen und in grobe Stücke schneiden. Karotten waschen, schälen und in Stücke schneiden. Enden der Selleriestangen abschneiden, waschen und in Stücke schneiden. Tomaten waschen und vierteln. Petersilie waschen. Knoblauch schälen und klein schneiden.

- Olivenöl in einem großen Topf bei mittlerer Hitze erhitzen und Zwiebeln, Lauch und Fenchel 4–5 Min. darin andünsten.

- Restliche Zutaten und Gewürze in den Topf geben und so viel kaltes (gefiltertes) Wasser angießen, bis das Gemüse komplett bedeckt ist. 20–30 Min. kochen.

- Fertige Brühe durch ein Sieb gießen und auffangen.

- Gemüsebrühe entweder direkt weiterverwenden, im Kühlschrank bis zu 3 Tage aufbewahren oder einfrieren.

Hühnerbrühe

Für 6 Portionen

⏲ 30 Min. + 3–4 Std. Garzeit

- 1 Zwiebel
- 1 Kräutersträußchen, z. B. aus Petersilie, Thymian, Rosmarin und Lorbeerblatt
- 1 Suppenhuhn (Freiland, möglichst Bio-Qualität)
- 10 schwarze Pfefferkörner
- 3–4 Gewürznelken
- Salz
- 2 Karotten
- 1 Lauch
- 6 Stangen Staudensellerie

● Zwiebel halbieren und mit Kräutern, Suppenhuhn, Pfeffer, Nelken und Salz in einen großen Topf geben. Mit kaltem (gefilterten) Wasser auffüllen. Die Zutaten müssen ca. 2–3 cm hoch mit Wasser bedeckt sein.

● Zum Kochen bringen, dann die Hitze reduzieren und 3–4 Std. leise köcheln lassen. Aufsteigenden Schaum oder Trübstoffe zwischendurch abschöpfen.

● Karotten waschen und schälen. Lauch an den Enden abschneiden und äußere Blätter entfernen. Längs aufschneiden und abspülen. Staudensellerie waschen. Gemüse in größere Stücke schneiden und 1 Std. vor Ende der Garzeit in der Suppe mitkochen.

● Alle Zutaten (außer dem Huhn) mit einer Schaumkelle herausfischen. Die Brühe mit dem Huhn abkühlen lassen, dann für mehrere Std. kaltstellen.

● Das festgewordene Fett auf der Oberfläche teilweise abschöpfen. Die Brühe mit dem Huhn kurz aufkochen. Das Huhn herausnehmen und etwas abkühlen lassen. Das noch warme Fleisch von Haut und Knochen lösen und in mundgerechte Stücke zerteilen. Hühnerfleisch beliebig weiterverwenden.

● Hühnerbrühe durch ein feinmaschiges Sieb gießen, auffangen und beliebig weiterverwenden. Im Kühlschrank ist sie bis zu 1 Woche haltbar, tiefgefroren bis zu 3 Monate.

Tipp Eine Brühe muss zum Aufbewahren klar sein, weil Gemüserückstände sehr schnell gären und die Haltbarkeit der Brühe herabsetzen.

Einfache Knochenbrühe

Für 6–8 Portionen

10 Min. + mind. 3 Std. Kochzeit

- 1,5–2 kg Rinderknochen, am besten mit etwas Fleisch daran (z. B. Rippenknochen, Haxe, Schwanz- oder Schulterstück)
- 5–10 Pfefferkörner
- 2 Lorbeerblätter
- ½–1 TL Salz (je nach Geschmack)

Alle Zutaten in einen großen Topf geben und mit so viel gefiltertem Wasser aufgießen, dass alles gut bedeckt ist. Bei geöffnetem Deckel zum Kochen bringen und einige Min. sprudelnd kochen lassen. Dies verhindert, dass die Brühe trüb wird.

Dann die Hitze auf die geringste Stufe reduzieren und den Topf abdecken. Mind. 3 Std. köcheln lassen. Je länger die Brühe köchelt, desto nahrhafter wird sie.

Am Ende Knochen und Fleischstücke herausnehmen und die Brühe durch ein Sieb gießen, um kleine Knochenstücke, Lorbeerblätter und Pfefferkörner zu entfernen.

Das Fleisch kann in mundgerechte Stücke geschnitten und in die Suppe gegeben oder auch separat verzehrt werden.

Knochenbrühe ist im Kühlschrank aufbewahrt ca. 1 Woche haltbar.

Hinweis Dr. Campbell-McBride ist der Ansicht, dass das Fett zusammen mit der Brühe verzehrt werden sollte. Ich persönlich schöpfe einen Teil davon ab, weil ich zu viel Fett unappetitlich finde.

Konzentrierte Knochenbrühe

Für 4–6 Portionen

15 Min. + 45 Min. Backzeit + ca. 5 Std. Garzeit

- 2 Zwiebeln
- 2 Karotten
- 1 Lauchstange
- 2 Stangen Staudensellerie
- 1 reife Tomate
- 1 Zweig Rosmarin
- 1 Zweig Thymian
- 1 kg Rinderknochen
- 1 Knoblauchzehe
- 2 Lorbeerblätter
- 6 Pfefferkörner
- 4 l kaltes (gefiltertes) Wasser

- Backofen auf 200 °C vorheizen.

- Zwiebeln schälen und würfeln. Karotten waschen, schälen und in Stücke schneiden. Lauch an den Enden abschneiden, äußere Blätter entfernen und längs aufschneiden. Unter fließendem Wasser abspülen und in grobe Scheiben schneiden. Selleriestangen an den Enden abschneiden, waschen und in Stücke schneiden. Tomate waschen und vierteln. Rosmarin und Thymian unter kaltem Wasser abspülen. Alles beiseitestellen.

- Knochen und Knoblauch auf einem tiefen Backblech 45 Min. goldbraun rösten.

- Aus dem Backofen nehmen und das Fett vom Backblech vorsichtig in einen großen Kochtopf gießen. Knochen für später beiseitestellen.

- Gemüse bei mittlerer Hitze in dem Fett andünsten, bis es gut gebräunt ist. Knochen, Kräuter, Lorbeerblätter und Pfefferkörner dazugeben und mit Wasser aufgießen.

- Zum Kochen bringen, dann die Hitze reduzieren und die Suppe bei kleiner Hitze 4–5 Std. leise köcheln lassen. Aufsteigenden Schaum oder Trübstoffe zwischendurch abschöpfen.

- Die Suppe durch ein Sieb gießen und die klare Brühe in einem weiteren Kochtopf auffangen. Die Brühe so lange weiterköcheln lassen, bis sie sich auf die Hälfte der Flüssigkeit reduziert hat.

- Die Brühe hält sich im Kühlschrank bis zu 1 Woche, tiefgefroren bis zu 3 Monate.

Magische Hühnersuppe

Für 4–6 Portionen
20 Min. + 3–4 Std. Garzeit

10 Karotten • 1 Zwiebel • einige Stängel Petersilie • 3 Stangen Staudensellerie • 1 Suppenhuhn (Freiland, möglichst Bio-Qualität) • 10 Pfefferkörner • Salz • 2 Lorbeerblätter

- Karotten waschen und schälen. Zwiebel schälen. Petersilie und Staudensellerie waschen. Alle Zutaten mit dem Huhn in einen großen Topf geben und mit (gefiltertem) Wasser auffüllen, bis das Huhn komplett bedeckt ist.

- Zum Kochen bringen, dann die Hitze reduzieren und die Suppe bei kleiner Hitze 3–4 Std. leise köcheln lassen.

- Das Huhn herausnehmen und etwas abkühlen lassen. Das noch warme Fleisch von Haut und Knochen lösen und in mundgerechte Stücke zerteilen.

- Gemüse mit einer Schaumkelle herausnehmen und die Karotten pürieren. Restliches Gemüse entfernen.

- Brühe durch ein feines Sieb gießen und auffangen.

- Einen Teil des oben schwimmenden Fetts entfernen. (Je kälter die Brühe, desto einfacher lässt sich das fest gewordene Fett auf der Oberfläche abschöpfen.)

- Hühnerfleisch und pürierte Karotten in etwas Brühe geben und portionsweise erhitzen. Mit Pfeffer und Salz abschmecken.

Champignon-Suppe

Für 2 Portionen
30 Min. + 30–40 Min. Garzeit

125 g Champignons • ½ Zitrone • 2 mittelgroße Karotten • 1 Stange Staudensellerie • 1 kleine Lauchstange • 100 g Chinakohl • 2 EL Ghee • ½ l Knochen-, Hühner- oder Gemüsebrühe (Seite 87) • einige Stängel Petersilie • Pfeffer • Salz

- Champignons waschen, in feine Scheiben und dann in Streifen schneiden. Zitrone auspressen. Champignonstreifen mit 1–2 TL des Saftes beträufeln und zur Seite stellen.

- Karotten schälen, waschen und in dünne Scheiben schneiden. Staudensellerie, Lauch und Chinakohl putzen, waschen und in Streifen schneiden.

- Ghee in einem großen Topf erhitzen und das Gemüse, außer den Champignons, darin unter Wenden garen.

- Brühe angießen und die Suppe 20–25 Min. bei schwacher Hitze köcheln lassen.

- Champignonstreifen dazugeben und noch weitere 10–15 Min. köcheln lassen.

- Petersilie waschen, trocken tupfen und fein hacken.

- Suppe mit Pfeffer und Salz abschmecken. Mit Petersilie garniert servieren.

Hinweis Kohl erst einführen, wenn überhaupt kein Durchfall mehr besteht!

Provenzalischer Gemüseeintopf

Für 4–6 Portionen

1 Std. + 85 Min. Garzeit

1 große Aubergine • 2 kleine Zucchini • 6 mittelgroße Tomaten • je 1 rote, gelbe und grüne Paprika • 1–2 Karotten • 2 Stangen Staudensellerie • 1 Zweig Thymian • 1 kleine Zwiebel • 2 Knoblauchzehen • 4 EL Ghee • 2 Lorbeerblätter • Pfeffer • Salz • ¼ l selbstgemachte Hühnerbrühe (Seite 88) • etwas Petersilie • etwas Parmesan

- Gemüse waschen. Aubergine würfeln. Zucchini in Scheiben schneiden. Tomaten abziehen (Tipp Seite 95), Stilansätze entfernen und würfeln. Paprika entkernen und würfeln. Karotten schälen und in Scheiben schneiden. Staudensellerie in kleine Stücke schneiden.

- Thymian waschen, Blättchen abzupfen und hacken. Zwiebel schälen und klein würfeln. Knoblauch schälen und zerdrücken.

- Ghee in einem großen Topf erhitzen. Zwiebel und Knoblauch darin andünsten. Gemüse, Lorbeerblätter und Thymian dazugeben. Pfeffern und salzen. Mit Hühnerbrühe aufgießen und bei schwacher Hitze 1 Std. köcheln lassen. Dann 25 Min. bei geöffnetem Topf etwas einkochen lassen.

- Petersilie waschen, Blättchen abzupfen und hacken. Parmesan reiben. Über den Eintopf streuen.

Flädle-Rübli-Suppe

Für 2 Portionen

20 Min.

½ l selbstgemachte Gemüsebrühe (Seite 87) • 2–3 mittelgroße Karotten • einige Stängel Petersilie

Für die Flädle:

3 Eier • 2 EL Kokosmehl • 2–3 EL SCD-saure-Sahne • 1 Prise Salz • 2 EL Ghee zum Backen

- Brühe erhitzen. Karotten waschen, schälen und fein reiben. In die Brühe geben und ca. 10 Min. bei mittlerer Hitze garen.

- Für die Flädle alle Zutaten (außer Ghee) zu einem geschmeidigen und nicht zu dickflüssigen Teig verrühren.

- Ghee in einer Pfanne erhitzen und aus dem Teig 2 große Pfannkuchen backen. In ½ cm dicke Streifen schneiden. In die heiße Brühe geben und kurz darin ziehen lassen.

- Petersilie waschen, fein hacken und die Suppe damit garnieren.

» Flädle-Rübli-Suppe

Exotische Kürbissuppe

Für 4–6 Portionen

25 Min. + 25 Min. Backzeit + 20 Min. Kochzeit

- 1 mittelgroßer Hokkaido-Kürbis
- 2 EL natives Olivenöl Extra
- 1 TL Rohhonig
- Pfeffer
- Salz
- 1 Zwiebel
- 2 Knoblauchzehen
- 4 cm Ingwer
- 1 EL Ghee
- 1 l selbstgemachte Hühner- oder Gemüsebrühe (Seite 87)
- 2 rote Chilischoten
- 1 Bio-Limette
- 1 Handvoll frischer Koriander
- 400 ml selbstgemachte Kokosmilch (Seite 70)

Backofen auf 200 °C vorheizen. Backblech fetten.

Kürbis schälen, waschen und in Spalten schneiden. Kürbisspalten auf dem Blech verteilen, mit Olivenöl und Honig beträufeln und mit Pfeffer und Salz würzen. Kürbisspalten etwa 25 Min. rösten, gelegentlich wenden.

Zwiebel und Knoblauch schälen und würfeln. Ingwer schälen und raspeln.

Ghee in einem großen Kochtopf erhitzen und Zwiebel, Knoblauch und Ingwer darin goldgelb dünsten.

Gerösteten Kürbis dazugeben und mit Brühe aufgießen. Zum Kochen bringen, die Temperatur reduzieren und noch etwa 20 Min. köcheln lassen.

Chilischoten waschen, entkernen und in dünne Streifen schneiden. Limette waschen, Schale fein abreiben und Limette auspressen. Koriander waschen und klein schneiden.

Suppe von der Kochstelle nehmen und Kokosmilch, Chilistreifen, Abrieb und Saft der Limette dazugeben und mit Pfeffer und Salz abschmecken.

Suppe in Teller füllen und großzügig mit Koriander bestreuen.

Spanische Pfeffersuppe

Für 4–6 Portionen

80 Min. + 2½ Std. Garzeit + mind. 14 Std. Einweichzeit für die Bohnen

- 750 g Rindfleisch (Brustkern oder Schulter)
- 1 mittelgroße Zwiebel
- 2 Knoblauchzehen
- je 1 rote und grüne Paprika
- 3 große, reife Tomaten
- 2–3 EL Ghee
- 1 l (gefiltertes) Wasser
- 150 g eingeweichte und vorbereitete getrocknete weiße Bohnen (Seite 119)
- Salz
- ¼ TL Cayennepfeffer
- schwarzer Pfeffer
- 1 Msp. Paprikapulver
- 1 TL Kräuter der Provence
- etwas frisches Basilikum

Rindfleisch in Würfel schneiden. Zwiebel schälen und in Scheiben schneiden. Knoblauchzehen schälen und zerdrücken. Paprika halbieren, entkernen, waschen und in Würfel schneiden. Tomaten waschen und abziehen (siehe Tipp).

Ghee in einem großen Topf erhitzen und Fleischwürfel zusammen mit Zwiebeln und Knoblauch darin anrösten. Mit etwas gefiltertem Wasser ablöschen und aufkochen lassen.

Paprikawürfel, geschälte Tomaten und abgetropfte Bohnen dazugeben. Restliches Wasser angießen. Sämtliche Gewürze und Kräuter der Provence hinzufügen.

Suppe bei schwacher Hitze köcheln lassen. Gelegentlich umrühren und überprüfen, dass sie nicht zu sehr einkocht. Eventuell noch etwas gefiltertes Wasser nachgießen.

Basilikum waschen, Blätter abzupfen und in Streifen schneiden.

Die Suppe nochmal abschmecken und mit Basilikum bestreut servieren.

Tipp Zum Abziehen gewaschene Tomaten oben kreuzförmig einschneiden und 1–2 Min. in kochendem Wasser ziehen lassen. Wasser abgießen und die Haut abziehen.

Minestrone

Für 4–6 Portionen

80 Min. + mind. 14 Std. Einweichzeit für Bohnen

- 1 Zwiebel
- 1 Knoblauchzehe
- 1 Stange Staudensellerie
- 2 kleine Zucchini
- ½ Blumenkohl
- 2 Karotten
- 1 kleine Lauchstange
- 2 Tomaten
- 1 kleines Bund Petersilie
- 80 g eingeweichte und vorbereitete getrocknete weiße Bohnen (Seite 119)
- ca. 1,5 ml selbstgemachte Hühnerbrühe (Seite 88)
- 3 EL Ghee
- 1 Lorbeerblatt
- 150 g tiefgefrorene Erbsen
- frisches Basilikum
- etwas Parmesan
- Pfeffer
- Salz

- Zwiebel und Knoblauchzehe schälen und fein hacken. Gemüse putzen, waschen und klein schneiden. Tomaten abziehen, entkernen und würfeln. Petersilie waschen, hacken und beiseitestellen. Eingeweichte Bohnen abgießen und sehr gut abspülen.

- Hühnerbrühe in einem separaten Topf erhitzen.

- Ghee in einem großen Kochtopf erhitzen, Zwiebel und Knoblauch darin andünsten. Vorbereitetes Gemüse einige Min. unter Rühren darin anschmoren.

- Bohnen, heiße Hühnerbrühe, Lorbeerblatt und Petersilie zufügen. 60–80 Min. köcheln lassen oder bis die Bohnen weich sind.

- Tiefgefrorene Erbsen etwa 15 Min. vor Ende der Garzeit in den Eintopf geben.

- Basilikum waschen und die Blätter hacken. Parmesan reiben.

- Lorbeerblatt und Petersilie aus der fertigen Suppe herausfischen. Ggf. noch etwas nachwürzen. Mit Basilikum und Parmesan bestreut servieren.

Tipp Hülsenfrüchte wie Bohnen und Linsen sind schwer verdaulich. Aber diese Suppe schmeckt auch ohne Bohnen. Sie benötigen dann etwas weniger Hühnerbrühe.

Gemüseeintopf mit Rindfleisch

Für 3–4 Portionen
30 Min. + 2 Std. Garzeit

- 1 mittelgroße Karotte
- 1 kleine Stange Lauch
- ½ Zwiebel
- 1 Knoblauchzehe
- 3 EL Ghee
- 1 l gefiltertes Wasser
- 400 g Rindfleisch ohne Knochen (Brustspitze)
- ½ Blumenkohl
- 1 kleine Zucchini
- 1 Lorbeerblatt
- Salz
- 50 g tiefgefrorene Erbsen
- frische Kräuter (z. B. Petersilie, Schnittlauch)
- Pfeffer
- 1 Msp. Muskatnuss

Karotte und Lauch waschen, putzen und in Stücke schneiden. Zwiebel schälen und klein würfeln. Knoblauch schälen und zerdrücken.

Ghee in einem großen Topf erhitzen. Zwiebel, Knoblauch, Lauch und Karotte kurz darin andünsten. Mit gefiltertem Wasser aufgießen und zum Kochen bringen. Fleisch hinzugeben und ca. 1 Std. leicht köcheln lassen.

Blumenkohl in kleine Röschen schneiden und waschen. Zucchini waschen, ggf. schälen und in Stücke schneiden.

Fleisch aus der Brühe nehmen, in mundgerechte Stücke schneiden und wieder in den Topf geben. Blumenkohl, Zucchini und Lorbeerblatt zufügen. Salzen und weitere 50–60 Min. köcheln lassen.

Erbsen auftauen und ca. 10 Min. vor Ende der Garzeit dazugeben. Eintopf mit Pfeffer und Muskat würzen, ggf. nachsalzen.

Petersilie und Schnittlauch waschen und hacken bzw. in Ringe schneiden. Suppe mit frischen Kräutern bestreut servieren.

Wärmende Linsen-Karotten-Suppe

Für 4 Portionen

30 Min. + 60 Min. Garzeit + mind. 14 Std. Einweichzeit für Linsen

- 135 g rote Linsen (eingeweicht, Seite 119)
- 5–6 mittelgroße Karotten
- 4 große reife Tomaten
- 2 kleine Zwiebeln
- 2 Knoblauchzehen
- 1 grüne Chilischote (alternativ einige getrocknete Chiliflocken)
- 3 TL Ghee
- 1 TL gemahlener Koriander
- 1 TL Kreuzkümmel (gemahlen)
- ½ TL Kurkuma
- 1,2–1,5 l selbstgemachte Gemüsebrühe (Seite 87)
- ½ Zitrone
- 1 kleines Bund frischer Koriander oder glatte Petersilie
- Pfeffer
- Salz
- 200 ml selbstgemachte saure Sahne (Seite 72) oder SCD-Joghurt (Seite 68)

- Linsen mind. 14 Std. einweichen, abgießen, sehr gut abspülen und abtropfen lassen.

- Karotten waschen, schälen und in Scheiben schneiden. Tomaten abziehen und grob würfeln. Zwiebeln schälen und würfeln. Knoblauch schälen und zerdrücken. Chilischote waschen, entkernen und in feine Streifen schneiden.

- Ghee in einem großen Topf erwärmen und Koriander, Kreuzkümmel, Kurkuma und Chili kurz darin anbraten.

- Mit Gemüsebrühe aufgießen und Linsen, Karotten, Tomaten, Zwiebeln und Knoblauch dazugeben. So lange köcheln lassen, bis die Linsen sehr weich sind.

- Zitrone auspressen. Koriander waschen, trocken tupfen und die Blätter klein schneiden. Beiseitestellen.

- Suppe von der Kochstelle nehmen und mit einem Stabmixer pürieren. Sollte die Konsistenz zu dickflüssig sein, mit etwas Brühe verdünnen.

- Suppe nochmals erwärmen und 1 TL Zitronensaft dazugeben. Mit Pfeffer und Salz abschmecken.

- In Teller füllen, einige TL selbstgemachte saure Sahne oder SCD-Joghurt einrühren und mit Koriander bestreuen.

Russischer Borschtsch

Für 4 Portionen
20 Min. + 25 Min. Garzeit

2 Rote Beten • 2 Karotten • 1/4 Knollensellerie • 1 Stange Lauch • 1/4 Wirsing • 1 Zwiebel • 2 EL Ghee • 1 l Knochenbrühe (Seite 89) • 2 Eier • 1 Bund Petersilie • 2 Knoblauchzehen • 1 Tomate • Salz • Pfeffer • 200 g SCD-saure-Sahne (Seite 72) oder SCD-Joghurt (Seite 68)

- Rote Bete, Karotten und Sellerie waschen und schälen. Lauch putzen, längs aufschneiden und waschen. Die äußeren Blätter und den Strunk des Wirsings entfernen und die Blätter waschen. Alles in Stücke schneiden. Zwiebel schälen und hacken.

- Ghee in einem großen Topf erhitzen und Zwiebel darin glasig dünsten. Gemüse dazugeben und andünsten. Mit Knochenbrühe aufgießen und ca. 25 Min. kochen lassen.

- Eier hart kochen, schälen und in Scheiben schneiden. Petersilie waschen, trocken schütteln und fein hacken. Beides beiseitestellen.

- Knoblauchzehen schälen und zerdrücken. Tomate waschen, Stielansatz entfernen und in Würfel schneiden. Beides in die fertige Suppe geben, salzen und pfeffern.

- In Suppenteller füllen, Eierscheiben darauflegen und mit Petersilie bestreuen. SCD-saure-Sahne oder SCD-Joghurt dazureichen.

Karotten-Koriander-Suppe

Für 2 Portionen
10 Min. + 50 Min. Kochzeit

1/2 Zwiebel • 1 EL Ghee • 1 Stange Staudensellerie • 1 Knoblauchzehe • 1/2 TL Kreuzkümmelsamen • 3–4 Karotten • 1/2 l selbstgemachte Gemüse- oder Hühnerbrühe (Seite 88) • 1/2 Bund frischer Koriander oder glatte Petersilie • Salz • Pfeffer • etwas SCD-saure-Sahne (Seite 72)

- Zwiebel schälen und hacken. Ghee in einem Topf erhitzen und Zwiebel darin ca. 5 Min. bräunen.

- Staudensellerie waschen und in kleine Stücke schneiden. Knoblauchzehe schälen und zerdrücken. Beides zur Zwiebel geben und weitere 5 Min. leicht andünsten. Kreuzkümmel dazugeben und weitere 2 Min. köcheln lassen.

- Karotten schälen, waschen und in dünne Scheiben schneiden. In den Kochtopf geben und Brühe angießen. Ca. 40 Min. köcheln lassen, bis die Karotten weich sind.

- Koriander waschen, trocken schütteln und hacken.

- Suppe von der Kochstelle nehmen und pürieren. Salzen und pfeffern.

- Mit Koriander bestreut servieren. Bei Tisch etwas SCD-saure-Sahne in die Suppe rühren.

» Karotten-Koriander-Suppe

SALATE & DRESSINGS

Spinat-Birnen-Salat

Für 2 Portionen
15–20 Min.

40 g Walnüsse • 1 EL Apfelessig • 1 TL Dijon-Senf (selbstgemacht, Seite 62, oder SCD-kompatibel) • Pfeffer • Salz • 2 EL natives Olivenöl Extra • 1 reife Birne • 150 g Babyspinat • 70 g Stilton-Käse • 40 g Rosinen

- Walnüsse ca. 5 Min. in einer Pfanne rösten. Abkühlen lassen, hacken und beiseitestellen.

- Apfelessig, Senf, Pfeffer und Salz miteinander vermischen. Olivenöl nach und nach einrühren.

- Birne waschen und ggf. schälen, vierteln, entkernen und in dünne Scheiben schneiden.

- Spinat verlesen, gründlich waschen und abtropfen lassen. In eine Salatschüssel geben und mit Birnenscheiben und Salatsauce vermischen.

- Käse zerkleinern. Zusammen mit Rosinen und Walnüssen über den Salat streuen.

Hühnerbrust-Trauben-Salat

Für 2 Portionen
⏲ 15–20 Min. + 2 Std. zum Durchziehen

350–400 g kaltes Hühnerfleisch (z. B. übriges Hühnchen aus der Zubereitung einer Hühnerbrühe) oder 2 gegarte Hühnerbrüste (ca. 350 g) • 200 g kernlose Bio-Weintrauben • 1 Handvoll Pekannüsse • 2 Stangen Staudensellerie • 180 ml SCD-saure-Sahne (Seite 72) oder SCD-Joghurt (Seite 68) • 1 großzügige Portion selbstgemachte Mayonnaise (Seite 63) • 1 kleines Bund frische Petersilie • Salz • Pfeffer

- Hühnerfleisch in mundgerechte Stücke schneiden.
- Weintrauben waschen und halbieren. Pekannüsse grob hacken. Staudensellerie putzen, waschen und würfeln. Alles in eine Salatschüssel geben.
- In einer separaten Schüssel saure Sahne oder Joghurt mit der Mayonnaise verrühren, über die restlichen Zutaten geben und alles miteinander vermengen.
- Petersilie waschen, trocken tupfen und fein hacken.
- Salat mit Salz und Pfeffer abschmecken und mit Petersilie bestreuen.
- Abgedeckt und gekühlt ca. 2 Std. ziehen lassen.

Tipp Der Salat eignet sich sehr gut zum Mitnehmen und unterwegs Essen, wenn er gekühlt aufbewahrt werden kann.

Zucchini-Salat

Für 2 Portionen
⏲ 10 Min.

2 kleine Zucchini • einige Basilikumblätter • 3–4 EL natives Olivenöl Extra • Saft von 1 Zitrone • Salz • Pfeffer • etwas Parmesankäse

- Zucchini waschen, Enden abschneiden. Zucchini schälen, in sehr feine Scheiben schneiden und in eine Schüssel geben.
- Basilikum waschen und in feine Streifen schneiden.
- Mit Olivenöl und Zitronensaft über die Zucchinischeiben geben. Salzen, pfeffern und alles miteinander vermengen.
- Parmesankäse fein hobeln und darüberstreuen.

Karotten-Koriander-Salat

Für 2 Portionen
10 Min.

2–3 mittelgroße Karotten • ½ Bund frischer Koriander • 2 EL Rosinen • 1–2 EL natives Olivenöl Extra • Pfeffer • Salz

- Karotten waschen, schälen, grob raspeln und in eine Schüssel geben. Koriander waschen, trocken schütteln und Blättchen hacken.

- Mit den restlichen Zutaten zu den Karotten geben, alles miteinander vermischen und mit Pfeffer und Salz abschmecken.

Tipp Salat mit 1–2 EL Sesamsamen bestreuen. Am besten die Samen für ca. 12 Std. in Wasser ziehen und leicht keimen lassen. Verzehren Sie Samen aber erst, wenn Sie mind. 3 Monate symptomfrei waren.

Rote Bete-Karotten-Salat

Für 2–3 Portionen
15 Min.

1 kleine Handvoll Walnusshälften • 1 Zitrone • 2–3 Karotten • 1 Rote Bete • 1 säuerlicher Apfel • 1 EL Rohhonig • 1 Msp. Zimtpulver • 1 Msp. Fenchelsamen (gemahlen) • 1 Msp. Anissamen (gemahlen) • 2 EL natives Olivenöl Extra • Salz

- Walnusshälften in einer Pfanne rösten und grob hacken. Zitrone auspressen. Karotten und Rote Bete waschen und schälen. Apfel waschen.

- Alles grob raspeln und sofort mit dem Zitronensaft übergießen.

- Restliche Zutaten dazugeben und alles miteinander vermischen.

Salat aus geröstetem Gemüse

Für 2 Portionen
20 Min. + 35 Min. Backzeit

- 2 EL natives Olivenöl Extra
- ½ Butternusskürbis
- 1 Fenchelknolle
- 1 Zucchini
- 1 rote Zwiebel
- 1 rote Paprika

Für das Dressing
- ½ Bund glatte Petersilie
- 25 g Cashewkerne
- 2–3 EL natives Olivenöl Extra
- 1 EL selbstgemachte Balsamico-Creme (Seite 63, gekaufter Balsamico-Essig ist nicht erlaubt!)
- Salz
- Pfeffer

- Backofen auf 180 °C vorheizen. Backblech mit ½ EL Olivenöl fetten.

- Kürbis waschen, schälen und in mundgerechte, nicht zu kleine Stücke schneiden. Mit 1 EL Olivenöl vermischen, auf das Backblech legen und ca. 20 Min. rösten.

- Fenchel waschen und in Spalten schneiden. Zucchini waschen, ggf. schälen und in Stücke schneiden. Zwiebel schälen und vierteln. Paprika halbieren, Stielansatz und Samenkerne entfernen, waschen und in Stücke schneiden. Darauf achten, dass alle Gemüsestücke nicht zu klein und ähnlich groß sind. Beiseitestellen.

- Die halbgegarten Kürbisstücke nach 20 Min. aus dem Backofen nehmen und restliches Gemüse dazu auf das Backblech legen. Mit restlichem Olivenöl beträufeln und ca. 15 Min. backen, bis das Gemüse gar, aber noch etwas bissfest ist.

- Für das Dressing Petersilie waschen, trocken schütteln und hacken. Cashewkerne hacken. Olivenöl und Balsamico-Creme miteinander verrühren. Petersilie und gehackte Cashewkerne dazugeben und vermischen. Mit Salz und Pfeffer abschmecken.

- Blechgemüse aus dem Backofen nehmen, in eine Schüssel geben und abkühlen lassen. Mit dem Dressing begießen und vermischen.

Tipp Der Salat kann noch warm, aber auch kalt gegessen werden. Reste können auch sehr gut am darauffolgenden Tag mitgenommen werden.

Vinaigrette-Sauce

Für 2–4 Portionen
5 Min.

1 Knoblauchzehe • 2 EL Essig (SCD-kompatibel) • 1 TL Dijon-Senf (selbstgemacht, Seite 62, oder SCD-kompatibel) • Salz • Pfeffer • ½ TL Rohhonig (optional) • 4 EL natives Olivenöl Extra

- Knoblauch schälen und fein hacken.

- Essig, Senf, Salz, Pfeffer und Rohhonig in einer Schüssel verrühren. Knoblauch dazugeben. Nach und nach Olivenöl einrühren, bis eine sämige Konsistenz erreicht ist. Vor dem Anrichten nochmals abschmecken.

Variante Statt Essig können Sie auch Zitronen- oder Orangensaft verwenden.

Joghurt-Zitronen-Sauce

Für 2–4 Portionen
10 Min.

½ Bio-Zitrone • 1 TL Rohhonig • 1 TL Dijon-Senf (selbstgemacht, Seite 62, oder SCD-kompatibel) • 150 g SCD-Joghurt (Seite 68) • Salz • Pfeffer

- Zitrone waschen, Schale abreiben und Saft auspressen. Mit Rohhonig und Dijon-Senf verrühren.

- Mischung mit Joghurt verrühren und mit Salz und Pfeffer abschmecken.

Schnittlauch-Sauce

Für 2–4 Portionen
5 Min.

1 Knoblauchzehe • ½ Bund Schnittlauch • 2 EL Apfelessig • 1 TL Dijon-Senf (selbstgemacht, Seite 62, oder SCD-kompatibel) • Salz • Pfeffer • ½ TL Rohhonig • 4 EL natives Olivenöl Extra

- Knoblauch schälen und fein hacken. Schnittlauch waschen und in Röllchen schneiden.

- Apfelessig mit Senf, Salz, Pfeffer und Rohhonig verrühren. Knoblauch dazugeben. Nach und nach Olivenöl einrühren, bis eine sämige Konsistenz erreicht ist. Mit Schnittlauch vermischen und abschmecken.

Das passt dazu knackige Blattsalate wie Romana, Batavia, Lolo Rosso, Eichblatt-, Endivien- oder Feldsalat

Tahini-Dressing

Für 2–4 Portionen
5 Min.

2 Knoblauchzehen • 2 EL Tahini (Seite 64) • 4 EL stilles Wasser • 1 EL Zitronensaft • Salz • Pfeffer

- Knoblauch schälen und fein hacken. Tahini mit Wasser, Zitronensaft und Knoblauch verrühren. Salzen und pfeffern. Falls die Sauce zu dick ist, mit etwas zusätzlichem Wasser verdünnen.

GEMÜSE

Zoodles (Zucchini-»Nudeln«)

Für 2 Portionen
15 Min.

2 mittelgroße Zucchini • Salz • Pfeffer

- Zucchini waschen und ggf. schälen. Mit einem Spiralschneider (oder Sparschäler) zu Zucchini-»Nudeln« verarbeiten.

- Zoodles in einer Pfanne ca. 3 Min. andünsten, bis sie nicht mehr roh, aber trotzdem noch bissfest sind. Oder im Etagendampfkocher 3–5 Min. garen.

- Mit Salz und Pfeffer würzen.

Das passt dazu Pesto, geröstete Tomatensauce (Seite 110), Fleisch- oder Gemüsesaucen

Tipp Auch Karotten, Rote Bete oder Kürbis lassen sich zu Gemüse-»Nudeln« verarbeiten.

Geröstete Tomatensauce

Für 1 große Portion
5 Min. + 20 Min. Backzeit

450 g sehr reife Tomaten • 6 Bio-Knoblauchzehen • Salz • Pfeffer • 1 EL selbstgemachte Balsamico-Creme (Seite 63) • 2 EL natives Olivenöl Extra • Kräuter der Provence-Mischung (Seite 66)

- Backofen auf 220 °C vorheizen.

- Tomaten waschen, halbieren und mit der aufgeschnittenen Seite nach oben nebeneinander auf ein Backblech legen. Ungeschälte Knoblauchzehen dazwischen verteilen. Mit Salz und Pfeffer würzen und mit Balsamico-Creme und Olivenöl beträufeln.

- Im heißen Backofen 15–20 Min. rösten, bis die Tomaten und der Knoblauch ganz weich sind.

- Alles pürieren, dann durch ein Sieb passieren, um Häute und Kerne zu entfernen. Nochmals mit Pfeffer und Salz abschmecken und mit Kräutern der Provence würzen.

Tipp Diese Sauce eignet sich sehr gut als Pizza-Belag oder zu Gemüse-»Nudeln«, z. B. Zoodles (Seite 109).

Cremige Lauch-Erbsen-Sauce

Für 2 Portionen
25 Min.

½ Stange Lauch • 75 g tiefgekühlte Erbsen • 75 ml selbstgemachte Gemüsebrühe (Seite 87) • frische Petersilie oder Basilikum • 50 g SCD-saure-Sahne (Seite 72) • Salz • Pfeffer

- Lauch putzen, waschen und in feine Ringe schneiden. Mit den Erbsen in der Brühe 15 Min. dünsten.

- Kräuter waschen, trocken tupfen und hacken.

- Gemüse mit dem Sud pürieren, saure Sahne unterrühren und mit Pfeffer und Salz abschmecken. Mit den Kräutern bestreuen.

Tipp Mit Brokkoli, Blumenkohl, Karotten oder Zucchini lassen sich nach diesem Grundrezept weitere Gemüsecremesaucen zubereiten.

Blattspinat aus dem Wok

Für 2 Portionen
15 Min.

300–400 g Bio-Blattspinat • ½ Zwiebel • 2 EL Ghee • 1 Msp. Muskatnuss • Salz • Pfeffer • 3–4 EL SCD-saure-Sahne (Seite 72)

- Spinat verlesen und gut waschen. Zwiebel schälen und fein hacken.
- Ghee im Wok erhitzen, Muskat dazugeben und Zwiebel darin glasig dünsten.
- Den noch nassen Spinat nach und nach in den Wok geben und bei kleiner Hitze in der eigenen Flüssigkeit dünsten. Gelegentlich mit einem Holzlöffel wenden.
- Mit Salz und Pfeffer würzen und mit saurer Sahne servieren.

Das passt dazu Lachs- oder Hühnerbrustfilet

Zartes Karottengemüse

Für 2 Portionen
30 Min.

½ kleine Zwiebel • 1–2 EL Ghee • 5 große Karotten • 1 Prise Zimtpulver • 1 Prise Muskatnuss • 150 ml gefiltertes Wasser • etwas frische Petersilie • Salz • Pfeffer

- Zwiebel schälen und würfeln, dann in heißem Ghee glasig dünsten.
- Karotten waschen, schälen und in Scheiben schneiden. Zu den Zwiebeln geben und mit Zimt und Muskat würzen.
- Wasser angießen und zum Kochen bringen. Temperatur reduzieren und bei kleiner Hitze ca. 25 Min. köcheln lassen. Bei Bedarf noch etwas Wasser zugeben, damit die Karotten nicht anbrennen.
- Petersilie waschen, trocken schütteln und hacken.
- Karottengemüse mit Salz und Pfeffer abschmecken und mit frischer Petersilie bestreuen.

Tipp Ersetzen Sie einen Teil der Karottenscheiben durch Kürbisscheiben. Mit dem Kochen der Karotten beginnen und den Kürbis erst einige Minuten später dazugeben, da er schneller gar wird.

Rosenkohl mit Rosinen

Für 2 Portionen
30 Min.

250 g Rosenkohl • Salz • 1 kleine Zwiebel • 2 EL Ghee • 2 EL Rosinen • 125–250 ml selbstgemachte Gemüsebrühe (Seite 87) • Pfeffer • Muskatnuss • 2 EL Mandelblättchen

- Äußere Blätter des Rosenkohls entfernen, Strunk abschneiden, kreuzweise einschneiden und waschen. Rosenkohl in Salzwasser oder einem Etagendampfgarer in ca. 12 Min weichkochen.

- Zwiebel schälen und fein hacken. Ghee in einem Topf erhitzen und Zwiebel darin glasig dünsten.

- Fertigen Rosenkohl abgießen und mit kaltem Wasser abschrecken.

- Rosenkohl, Rosinen und Gemüsebrühe in den Topf mit den Zwiebeln geben. Mit Salz, Pfeffer und Muskat abschmecken und noch ca. 5 Min. köcheln lassen.

- Mandelblättchen in einer Pfanne anrösten und Rosenkohl damit bestreuen.

Blumenkohl mit Ingwer und Koriander

Für 2 Portionen
20 Min.

1 kleiner Blumenkohl • 2 cm Ingwer • etwas frischer Koriander • ½ Zitrone • 2 EL Ghee • Pfeffer • Salz

- Blumenkohl in Röschen schneiden und waschen. In Wasser (oder besser in einem Etagendampfgarer) in ca. 10 Min. garen und abgießen.

- Ingwer schälen und reiben. Koriander waschen und hacken. Zitrone auspressen.

- Ghee in einem Topf erhitzen und geriebenen Ingwer dazugeben. Unter Rühren 10 Sek. dünsten. Blumenkohl dazugeben, mit Pfeffer und Salz abschmecken und noch einige Min. dünsten.

- Vor dem Servieren mit Zitronensaft beträufeln und mit Koriander bestreuen.

» Rosenkohl mit Rosinen

Blumenkohl-»Reis«

Für 2 Portionen
15–20 Min.

1 kleiner Blumenkohl • 1–2 EL Ghee oder Kokosöl • frische Petersilie • Salz • Pfeffer

- Blumenkohl in kleine Röschen teilen und gründlich waschen. Röschen in der Küchenmaschine oder mit einer Küchenreibe in reisgroße Stücke zerkleinern.

- Ghee oder Kokosöl in einer möglichst schweren Pfanne erhitzen. Blumenkohl bei mittlerer Hitze 5–7 Min. braten, bis er gar ist. (Wer ihn bissfest mag und keine Verdauungsprobleme hat, kann die Bratzeit auch verringern.)

- Petersilie waschen, trocken schütteln und hacken.

- Fertigen Blumenkohl mit Salz und Pfeffer abschmecken und mit Petersilie bestreuen.

Tipp Blumenkohl erst zum Schluss salzen, da er sonst Wasser abgibt und in der eigenen Flüssigkeit dünstet statt zu braten.

Marokkanischer Blumenkohl-»Couscous«

Für 2 Portionen
15–20 Min.

1 kleiner Blumenkohl • 1–2 EL Ghee oder Kokosöl • ½ Zitrone • ½ Bund glatte Petersilie • 1 Knoblauchzehe • ½ TL Paprikapulver • ½ TL gemahlener Kreuzkümmel • 1 Msp. Zimtpulver • 2 EL natives Olivenöl Extra • Salz • Pfeffer

- Blumenkohl wie Blumenkohl-»Reis« (Rezept links) zubereiten.

- Zitrone auspressen. Petersilie waschen, trocken schütteln und die Blätter hacken. Knoblauch schälen und zerdrücken. Beiseitestellen.

- Gewürze in einer kleinen Pfanne bei mittlerer Hitze 2–4 Min. leicht anrösten, dann vom Herd nehmen. Mit Olivenöl, 2 EL Zitronensaft, Knoblauch, Salz und Pfeffer verrühren.

- Über den fertigen Blumenkohl-Couscous gießen und mit Petersilie bestreuen.

Dip-Gemüse

Für 2 Portionen
10 Min.

Zum Dippen eignen sich folgende Gemüsesorten: Karotten, Zucchini, Gurken, Staudensellerie, Paprika, Eisbergsalat, Chicoréeblätter, Radieschen, Champignons, Tomaten, Fenchel, Blumenkohl, Brokkoli

- Gemüse waschen und in gleichmäßig große Streifen oder mundgerechte Stücke schneiden
- Tomaten aufschneiden und Samen entfernen.
- Brokkoli und Blumenkohl bissfest garen und abkühlen lassen oder auch roh servieren.
- Gemüse auf einem Teller anrichten und verschiedene Dips dazu reichen.

Das passt dazu Dips (Seite 80)

Geröstetes Wintergemüse

Für 2 Portionen
15 Min. + 30 Min. Backzeit

natives Olivenöl Extra für das Blech und zum Beträufeln • ½ Kürbis • Salz • Pfeffer • 1 Msp. Muskatnuss • 1 Msp. Zimtpulver • 1 TL Kreuzkümmelsamen • 1 Fenchelknolle • 2 Zucchini • 1 rote Zwiebel • 2 Knoblauchzehen • 1 Zweig Rosmarin • 2 Zweige Thymian • 1–2 TL Rohhonig

- Backofen auf 200 °C vorheizen. Backblech fetten.
- Kürbis waschen, schälen und in Spalten schneiden. Auf das Backblech legen und mit etwas Olivenöl beträufeln. Mit Salz, Pfeffer, Muskat, Zimt und Kreuzkümmel würzen. Ca. 15 Min. rösten.
- Fenchel waschen und in dicke Spalten schneiden. Zucchini waschen, ggf. schälen und in 2 cm lange Stücke schneiden. Zwiebel schälen und vierteln. Knoblauch schälen und halbieren. Rosmarin und Thymian waschen und trocken schütteln.
- Gemüse, Kräuterzweige und Knoblauch zum Kürbis auf das Blech legen. Mit Olivenöl beträufeln und ca. 15 Min. weiterbacken, bis das Gemüse gar, aber noch etwas bissfest ist.
- Mit etwas Rohhonig beträufeln. Mit Salz und Pfeffer nachwürzen.

Tipp Karotten- oder Rote Bete-Stücke eignen sich ebenfalls zum Mitrösten.

Grünkohl mit Knoblauch und Zimt

Für 2 Portionen
25 Min.

1 kleine Zwiebel • 1 Knoblauchzehe • 225 g Grünkohl • 2 EL Ghee • 1 Msp. Zimtpulver • 110 ml selbstgemachte Gemüsebrühe (Seite 87) • ½ TL Apfelessig • Salz • Pfeffer

- Zwiebel und Knoblauch schälen und fein hacken. Äußere Blätter des Grünkohls entfernen, vierteln und den Strunk herausschneiden. Grünkohl in feine Streifen schneiden und waschen.

- Ghee in einem Topf erhitzen und Zwiebel darin 5 Min. glasig dünsten. Knoblauch hinzufügen und weitere 2 Min. dünsten. Zimt hineinrühren. Grünkohl dazugeben und alles gut vermischen.

- Gemüsebrühe angießen und Apfelessig dazugeben. Zum Kochen bringen, dann die Hitze reduzieren und ca. 15 Min. köcheln lassen, bis der Grünkohl zart ist. Mit Salz und Pfeffer abschmecken.

Grünkohl mit Paprika

Für 2 Portionen
25 Min.

1 kleine Zwiebel • 1 Knoblauchzehe • 1 kleine rote Paprika • 225 g Grünkohl • 2 EL Ghee • 2–4 EL gefiltertes Wasser • Salz • Pfeffer

- Zwiebel und Knoblauch schälen und fein hacken. Paprika vierteln, Samen entfernen, waschen und in feine Streifen schneiden.

- Äußere Blätter des Grünkohls entfernen, vierteln und den Strunk herausschneiden. Grünkohl in feine Streifen schneiden und waschen.

- Ghee in einem Topf erhitzen. Zwiebel, Knoblauch und Paprikastreifen darin ca. 5 Min. dünsten.

- Grünkohl dazugeben und alles gut vermischen. Ein wenig gefiltertes Wasser angießen und ca. 10 Min. köcheln lassen, bis der Kohl gar ist. Mit Salz und Pfeffer abschmecken.

» Grünkohl mit Paprika

Wirsing mit saurer Sahne

Für 2 Portionen
30 Min.

½ Kopf Wirsing (ca. 300 g) • 1 kleine Zwiebel • 2 EL Ghee • 125–250 ml selbstgemachte Gemüsebrühe (Seite 87) • Salz • Pfeffer • 1 Msp. Muskatnuss • 1 EL Dijon-Senf (selbstgemacht, Seite 62, oder SCD-kompatibel) • 100 g SCD-saure-Sahne (Seite 72)

- Äußere Blätter des Wirsings entfernen und Strunk herausschneiden. In Spalten schneiden und waschen. Zwiebel schälen und hacken.

- Ghee in einem Topf erhitzen und Zwiebel darin glasig dünsten. Wirsing dazugeben und kurz andünsten.

- Die Hälfte der Gemüsebrühe angießen und alles zugedeckt ca. 10 Min. köcheln lassen. Ggf. noch etwas Brühe nachgießen.

- Mit Salz, Pfeffer und Muskat abschmecken.

- Senf unter die saure Sahne rühren und zum Wirsing reichen.

Wirsing-Sellerie-Gemüse

Für 2 Portionen
25 Min.

½ Zwiebel • ½ Sellerieknolle • ½ Wirsing • 2 EL Ghee • Salz • Pfeffer • 125 ml SCD-saure-Sahne (Seite 72)

- Zwiebel schälen und in dünne Streifen schneiden. Sellerie waschen, schälen und in ca. 2 cm große Würfel schneiden. Äußere Blätter des Wirsings entfernen. Wirsing in feine Streifen schneiden und waschen.

- Ghee in einem Kochtopf erhitzen und Zwiebelstreifen darin glasig dünsten.

- Selleriewürfel dazugeben und ca. 10 Min. dünsten.

- Wirsingstreifen dazugeben und ca. 5 Min. weiterdünsten, bis der Wirsing weich ist.

- Mit Pfeffer und Salz abschmecken.

- Gemüse mit einem großzügigen Schlag SCD-saure-Sahne servieren.

Grundrezept SCD-Bohnen/-Hülsenfrüchte

Für 2 Portionen

mind. 14 Std. Einweichzeit + ca. 2 Std. Kochzeit

- 300 g getrocknete Bohnenkerne (siehe auch Liste der erlaubten Zutaten, Seite 50)
- 1½ l gefiltertes Wasser

- Bohnenkerne verlesen, in eine Schüssel geben und zum Einweichen mit einer ausreichenden Menge Wasser (etwa das Dreifache der Bohnenmenge) übergießen. Nach der Hälfte der Einweichzeit Wasser abschütten und durch frisches Wasser ersetzen.

- Bohnen nach dem Einweichen in ein Sieb gießen und unter fließendem Wasser gut abspülen. Sie sind nun kochbereit.

- Bohnen mit ca. 1½ l gefiltertem Wasser in einem großen Topf zum Kochen bringen. Dann die Temperatur reduzieren und ca. 2 Std. leise köcheln lassen, bis die Bohnen weich sind. Oben schwimmenden Schaum oder Bohnenschalen während des Kochens abschöpfen.

- Die weichen Bohnen abseihen und nochmals abspülen.

- Andere erlaubte Hülsenfrüchte werden genauso vorbereitet und gekocht.

Hinweis Hülsenfrüchte wie Bohnen und Linsen sind sehr schwer verdaulich, da sie viele antinutritive Substanzen oder Phytochemikalien (Phytinsäure, Lektine, Enzyminhibitoren) sowie Stärke beinhalten. Deshalb dürfen SCD-zulässige Hülsenfrüchte auf keinen Fall zu früh in die Diät eingeführt werden und dann auch nur sehr vorsichtig und bedacht.

Tipp Dr. Campbell-McBride empfiehlt, Hülsenfrüchte, nachdem sie 12 Std. eingeweicht und abgespült worden sind, zu fermentieren, um sie noch bekömmlicher zu machen. Zu diesem Zweck werden sie mit einem Gemisch aus Wasser und Molke (aus der Herstellung von SCD-Joghurt) bedeckt (½ l Molke pro 1 l Wasser) und 4–5 Tage bei Zimmertemperatur fermentiert.

FISCH, GEFLÜGEL UND FLEISCH

Kabeljau-Filet mit Pesto

Für 2 Portionen
5 Min. + 25 Min. Backzeit

500 g Kabeljau-Filet (ca. 3 cm dick) • Salz • Pfeffer • 2 EL Ghee • ½ Bio-Zitrone • selbstgemachtes Pesto (Seite 81)

- Backofen auf 220 °C vorheizen.
- Kabeljau mit Salz und Pfeffer würzen. Ghee in einer Pfanne erhitzen und den Fisch jeweils 1 Min. pro Seite darin anbraten.
- Fischfilets in eine feuerfeste flache Form geben und 20–25 Min. im Backofen backen.
- Zitrone abwaschen und in Spalten schneiden.
- Den fertigen Fisch mit Pesto und Zitronenspalten servieren und bei Tisch mit Zitronensaft beträufeln.

Das passt dazu Wintergemüse (Seite 115) oder Kürbis vom Blech

Tipp Auf diese Weise können auch andere weiße Fischsorten wie Seedorsch oder Heilbutt zubereitet werden.

Pochierte Lachsfilets

Für 2 Portionen
10 Min.

Salz • 2 Lachsfilets

- Gefiltertes Wasser in einem Kochtopf zum Kochen bringen. Hitze reduzieren, damit das Wasser nur noch köchelt, und eine großzügige Prise Salz dazugeben.

- Lachsfilets in das Salzwasser gleiten lassen und sicherstellen, dass sie komplett mit Wasser bedeckt sind. Ca. 5 Min. leise köcheln lassen, bis sie gar sind.

- Mit einem Schaumlöffel herausnehmen, auf einen Teller legen und mit etwas Küchenpapier abtupfen.

Das passt dazu zartes Karotten-Kürbis-Gemüse (Seite 111) oder Blattspinat aus dem Wok (Seite 111)

Tipp Der auf diese Weise schonend zubereitete Lachs kann warm oder kalt gegessen werden.

Gebackene Lachsfilets

Für 2 Portionen
18 Min.

2 EL Ghee • 2 Lachsfilets (je 250 g) • frische Petersilie • Salz • Pfeffer • ½ Zitrone

- Ghee in einer Pfanne erhitzen und Lachsfilets dazugeben. Beidseitig bei kleiner Hitze backen, bis sie eine zartrosa Farbe haben.

- Petersilie waschen, trocken schütteln und hacken.

- Lachsfilet auf einen Teller legen. Mit Pfeffer und Salz würzen, mit Zitronensaft beträufeln und mit Petersilie bestreuen.

Das passt dazu Kürbisspalten aus dem Backofen und im Etagendampfgarer zubereitete Brokkoliröschen (Abb. Coverfoto)

Hühnchen-Gemüse-Patties

Für 8–10 Frikadellen (7 cm ∅)
40–50 Min.

- ½ kleine Zwiebel
- 1 Knoblauchzehe
- 250 g grüne Bohnen
- 3–4 EL Ghee
- 2 EL Salz
- 150 g Blattspinat
- 230–280 g naturbelassenes Hühnerhackfleisch
- 1 Ei
- Salz
- Pfeffer

● Zwiebel und Knoblauch schälen und sehr fein hacken. Grüne Bohnen waschen und putzen.

● Etwas Ghee in einer Pfanne erhitzen. Zwiebel und Knoblauch darin glasig dünsten. Beiseitestellen.

● Wasser und 2 EL Salz zum Kochen bringen und Bohnen 5 Min. oder länger kochen, bis sie gar, aber nicht verkocht sind.

● Bohnen aus dem Topf nehmen, unter kaltem Wasser abspülen und abtropfen lassen. Evtl. trocken tupfen. Mit dem Wiegemesser oder einer Küchenmaschine in sehr kleine Stücke schneiden. Nicht pürieren, weil sie sich sonst nicht so gut mit dem Hühnerhackfleisch verbinden.

● Blattspinat verlesen und gut waschen. Entweder in etwas Wasser blanchieren oder in einem Etagendampfkocher garen. Den fertigen Spinat ausdrücken und in nicht allzu feine Stücke schneiden.

● Hackfleisch in eine große Schüssel geben. Verquirltes Ei, klein geschnittenes Gemüse und die Zwiebel-Knoblauch-Mischung dazugeben. Mit Salz und Pfeffer würzen und alles gut miteinander vermischen. Aus dem Fleischteig zuerst Kugeln formen und diese dann flach drücken.

● Ghee in einer Pfanne erhitzen und Frikadellen bei mittlerer Hitze von beiden Seiten goldbraun backen.

Tipp Ist der Fleischteig zum Formen zu klebrig, eine Weile kaltstellen. Leichter geht's, wenn Sie die Hände mit kaltem Wasser befeuchten. Beim Verarbeiten von rohem Geflügel auf gute Küchenhygiene achten!

Pikante Hühnerbrustfilets

Für 2 Portionen
⏲ 20 Min.

2–3 EL Kokosöl • 300 g Hähnchen-Minutenschnitzel (geschnittenes Hühnerbrustfilet) • Salz • Pfeffer • 1 TL Kurkumapulver • ½ Zwiebel • 1 Knoblauchzehe • 2 cm Ingwerwurzel • frische Petersilie

- Kokosöl in einer Pfanne erhitzen. Hähnchenfleisch würzen, in die Pfanne geben und bei mäßiger Hitze von beiden Seiten anbraten. Hitze reduzieren und ca. 5 Min. backen.

- Zwiebel schälen, in feine Streifen schneiden und zu den Filets geben. Bei Bedarf noch etwas Kokosöl dazugeben. Weitere 5–10 Min. unter gelegentlichem Wenden backen, bis die Zwiebeln eine goldene Farbe haben und das Fleisch gar ist.

- Knoblauch schälen und fein schneiden. Geschälte Ingwerwurzel reiben. Beides über die Filets geben und noch 1–2 Min. garen.

- Petersilie waschen, hacken und über die fertigen Filets streuen.

Das passt dazu Blumenkohl mit Ingwer und Koriander (Seite 112)

Würzige Hackbällchen

Für 2–3 Portionen
⏲ 20 Min.

1 kleine Zwiebel • 1 Knoblauchzehe • 400 g Rinderhackfleisch • 1 Eigelb • 1 Msp. Muskatnuss • 1 Msp. Zimt • 1 Msp. Paprikapulver • Pfeffer • Salz • 3–4 EL Ghee zum Braten

- Zwiebel schälen und fein hacken. Knoblauch schälen und zerdrücken.

- Hackfleisch in eine Schüssel geben und mit Zwiebel, Knoblauch, Eigelb und Gewürzen vermischen. Aus dem Fleischteig ca. 15 Bällchen formen.

- Ghee in einer Pfanne erhitzen und Fleischbällchen von allen Seiten braten, bis sie gar sind.

Tipp Hackfleischbällchen schmecken auch kalt und können gut für unterwegs mitgenommen werden.

» Pikante Hühnerbrustfilets

HAUPTGERICHTE

Spinat-Eier-Pfanne

Für 2 Portionen

35 Min.

400 g Bio-Blattspinat • 1 Zwiebel • 2 EL Ghee • Salz • Pfeffer • 1 Msp. Muskatnuss • 4 Eier

- Spinat verlesen und grobe Stiele entfernen. Blätter gründlich waschen und abtropfen lassen.

- Zwiebel schälen und hacken.

- Ghee in einer großen Pfanne erhitzen und Zwiebel darin glasig dünsten. Spinat dazugeben und bei schwacher Hitze ca. 10 Min. garen. Mit Salz, Pfeffer und Muskat würzen.

- 4 Vertiefungen in den Spinat drücken. In jede Vertiefung 1 Ei hineinschlagen und bei schwacher Hitze zugedeckt ca. 8 Min. garen. Eier mit Pfeffer und Salz bestreuen und heiß servieren.

Kürbispüree mit Spiegelei und Salat

Für 2–3 Portionen
30 Min. + 30 Min. Garzeit

- 1 kleiner Butternusskürbis
- 1 Eichblattsalat
- 3 Knoblauchzehen
- 40 g Butter
- 1 Msp. Muskatnuss
- 1 Msp. Zimtpulver
- Salz
- Pfeffer
- 2–4 Bio-Eier
- 1–2 EL Ghee zum Backen

Für das Dressing

- 2 EL Essig (SCD-kompatibel)
- 1 TL Dijon-Senf (selbstgemacht, Seite 62, oder SCD-kompatibel)
- ½ TL Rohhonig (optional)
- Salz
- Pfeffer
- 4 EL natives Olivenöl Extra

- Bei Bedarf Backofen auf 160 °C vorheizen, um die Auflaufform und später das fertige Püree warm zu halten.

- Kürbis waschen, schälen, entkernen und in ca. 3–5 cm große Würfel schneiden. Im Etagendampfgarer ca. 30 Min. garen, bis der Kürbis weich ist. Oder in sehr wenig Wasser weich dämpfen.

- Salat putzen, waschen, gut trocken schütteln und in eine Schüssel geben. Für das Dressing Essig, Senf, Honig, 1 Prise Salz und Pfeffer gut miteinander verrühren. Olivenöl erst zugeben, wenn sich das Salz aufgelöst hat. So lange rühren, bis eine sämige Sauce entsteht. Salat erst kurz vor dem Servieren anmachen und vorher das Dressing nochmals umrühren und abschmecken.

- Knoblauch schälen und hacken. Kurz bevor der Kürbis gar ist, Butter in einem kleinen Kochtopf schmelzen. Knoblauch darin 1–2 Min. goldgelb dünsten, nicht anbrennen lassen!

- Weichen Kürbis in die vorgewärmte Auflaufform geben und mit der Knoblauchbutter begießen. Mit Muskat, Zimt, Salz und Pfeffer würzen und so lange stampfen, bis ein cremiges Püree entstanden ist. Am besten sofort servieren, ggf. noch kurz im vorgeheizten Backofen warm halten.

- Spiegeleier mit dem Ghee in einer Pfanne backen. Mit Pfeffer und Salz würzen.

- Eichblattsalat mit dem Dressing anmachen.

Tipp Bei diesem sehr einfachen, aber leckeren Gericht ist es wichtig, dass am Ende alles gleichzeitig fertig und heiß ist.

Brathähnchen mit Kürbisspalten und Coleslaw

Für 4–6 Portionen

25 Min. + 90 Min. Backzeit + 3 Std. zum Ziehen (Coleslaw)

- Salz, Pfeffer
- natives Olivenöl Extra

Für den Coleslaw

- 1 Weißkohl
- 500 g Karotten
- 2 Frühlingszwiebeln

Für das Dressing

- 8–12 EL SCD-Joghurt (Seite 68) oder SCD-saure-Sahne (Seite 72)
- 4 EL selbstgemachte Mayonnaise (Seite 63) (optional)
- 2–4 TL selbstgemachter Dijon-Senf (Seite 62) (optional)
- 2–4 EL Apfelessig
- 2 TL Rohhonig
- etwas frische Petersilie

Für das Hähnchen

- 1 küchenfertiges Bio-Hähnchen (ca. 1,5 kg)
- 1 Bund frischer Thymian
- 2 Knoblauchzehen
- 1 Bio-Zitrone

Für die Kürbisspalten

- 1,5 kg Bio-Hokkaido-Kürbis
- 2 Msp. Zimtpulver
- 2 Msp. Muskatnuss

- Für den Coleslaw Weißkohl waschen, Strunk und äußere Blätter entfernen. Kohl raspeln oder in feine Streifen schneiden. Karotten waschen, schälen und raspeln. Zwiebel schälen und fein hacken. Alles vermengen.

- Zutaten für das Dressing (außer Petersilie) miteinander verrühren. Zum Salat geben und alles vermischen. Im Kühlschrank mehrere Stunden durchziehen lassen.

- Petersilie waschen und fein hacken.

- Coleslaw lange genug vor dem Servieren aus dem Kühlschrank nehmen, damit er nicht zu kalt ist. Mit Pfeffer und Salz abschmecken und mit Petersilie garnieren.

- Für das Hähnchen Backofen auf 190 °C vorheizen. Backform mit hohem Rand mit etwas Olivenöl fetten.

- Thymian waschen und trocken tupfen. Knoblauchzehen schälen. Zitrone waschen und mehrmals rundherum einstechen.

- Hähnchen in die Form legen. Mit Knoblauch, Thymian und Zitrone füllen. Mit 4 EL Olivenöl bepinseln oder beträufeln und mit Pfeffer und 1 großen Prise Salz würzen.

- Ca. 90 Min. backen. Das Hähnchen ist fertig, wenn beim Einstechen mit einem Holzspieß an seiner dicksten Stelle klare Flüssigkeit austritt.

- Für die Kürbisspalten Backblech mit Backpapier auslegen oder mit Olivenöl fetten.

- Kürbis waschen, trocken tupfen, halbieren, Kerngehäuse entfernen und Kürbisfleisch in Spalten scheiden. Nach Wunsch schälen.

- Mit Zimt, Muskat und ½ TL Salz würzen. 6 EL Olivenöl hinzugeben und alles vermischen.

- Kürbisspalten auf das Blech legen und 20–25 Min., bevor das Hähnchen fertig ist, in den Ofen schieben. Zwischendurch die Spalten wenden. Mit Pfeffer würzen.

Tandoori-Hähnchenbrust

Für 2 Portionen

⏲ 15 Min. + 4–12 Std. Marinierzeit + 35 Min. Backzeit

- 2 Hühnerbrüste
- Salz
- Pfeffer

Für die Marinade

- 1 kleine Zwiebel
- 2 Knoblauchzehen
- 2 cm Ingwer
- 1 Lorbeerblatt
- 1 EL Sesamöl
- 150 ml SCD-Joghurt (Seite 68)
- Saft von ½ Zitrone
- ½ TL Paprikapulver
- 1 TL Kurkumapulver
- ½ TL Kreuzkümmelsamen (gemahlen)
- ½ TL Koriandersamen (gemahlen)

● Für die Marinade Zwiebel, Knoblauch und Ingwer schälen. Mit Lorbeerblatt und Öl im Mixer zu einer Paste pürieren. Joghurt, Zitronensaft, restliche Gewürze und Zwiebel-Knoblauchpaste in eine größere Schüssel geben und miteinander vermischen.

● Hühnerbrüste mit einem Messer mehrmals einschneiden, damit die Marinade besser eindringen kann.

● In die Schüssel mit der Marinade geben und darin wenden. Die Schüssel abdecken und alles mind. 4 Std. oder über Nacht im Kühlschrank durchziehen lassen.

● Backofen auf 200 °C vorheizen.

● Hühnerbrüste auf ein Backblech legen und mit Pfeffer und Salz würzen. Im Backofen ca. 35 Min. backen.

Das passt dazu marokkanischer Blumenkohl-»Couscous« (Seite 114)

Tipp Am intensivsten entwickelt sich das Aroma der Gewürze, wenn die Samen frisch gemahlen werden.

Hackfleischbällchen in Tomatensauce

Für 2 Portionen
50 Min.

- 1 kleine Zwiebel
- 2 Knoblauchzehen
- je 1 rote und gelbe Paprika
- 4–5 mittelgroße Tomaten
- 1 Karotte
- 250 g Putenhackfleisch
- Salz
- Pfeffer
- 1 Msp. Paprikapulver
- 1 EL Ghee
- einige Chiliflocken (optional)
- ½ TL Kräuter der Provence (Seite 66)
- 75–100 ml Hühnerbrühe (Seite 88) oder gefiltertes Wasser
- etwas frisches Basilikum
- Parmesankäse am Stück

Zwiebel schälen und fein hacken. Knoblauch schälen und zerdrücken. Paprika vierteln, Stielansatz und Samen entfernen, waschen und in feine Streifen schneiden. Tomaten waschen und häuten (Tipp Seite 95). Karotte waschen, schälen und grob raspeln.

Jeweils die Hälfte der gehackten Zwiebel und des Knoblauchs zum Hackfleisch geben. Mit Salz, Pfeffer und Paprikapulver würzen und alles gut vermischen. Kugeln in Golfballgröße formen und beiseitestellen.

Ghee in einem Topf erhitzen, restliche Zwiebel, restlichen Knoblauch und Paprikastreifen ca. 5 Min. darin andünsten. Tomaten, Karotte, Chiliflocken und Kräuter der Provence dazugeben. Brühe oder gefiltertes Wasser angießen.

Zum Kochen bringen, Fleischbällchen in die Sauce geben und die Temperatur reduzieren. Bei geschlossenem Deckel ca. 20 Min. leise köcheln lassen. Falls die Sauce zu sehr eindickt, noch mehr Flüssigkeit dazugeben.

Basilikum waschen, Blätter abzupfen und hacken. Parmesan reiben.

Die Sauce nochmals abschmecken und bei Tisch mit Basilikum und Parmesan bestreuen.

Das passt dazu Zoodles (Seite 109)

Zucchini-Pfannkuchen

Für 2 Portionen
30 Min.

1 mittelgroße Zucchini • ½ kleine Zwiebel • 3 Eier • 2 EL Kokosmehl • Salz • 1 Bund Schnittlauch • 60 g Cheddarkäse • 2–3 EL Kokosöl • Pfeffer

- Bei Bedarf Backofen vorwärmen, um fertige Pfannkuchen darin warmzuhalten.

- Zucchini waschen, schälen und grob raspeln. Zwiebel schälen und fein hacken.

- Eier in einer Schüssel verquirlen. Kokosmehl und 1 Prise Salz dazugeben. Alles miteinander verrühren, bis eine einheitliche Masse entsteht. Zucchini und Zwiebel unterrühren. Ca. 5 Min. durchziehen lassen.

- Schnittlauch waschen und in feine Röllchen schneiden. Cheddar reiben. Beides beiseitestellen.

- Kokosöl in einer Pfanne erhitzen und kleine Pfannkuchen (4–5 Stück pro Pfanne) von beiden Seiten goldbraun backen. Fertige Pfannkuchen aus der Pfanne nehmen und im Ofen warmhalten.

- Pfannkuchen mit Schnittlauch und Cheddar bestreuen und mit frisch gemahlenem Pfeffer würzen.

Das passt dazu frischer Blattsalat

Tipp Zucchini-Pfannkuchen schmecken auch kalt.

Lauch-Omelette

Für 2 Portionen
15 Min.

1 kleine Lauchstange • 1 kleines Bund Schnittlauch • 2 EL Ghee • 4 Eier • Salz • Pfeffer

- Lauch putzen, waschen und in feine Ringe schneiden. Schnittlauch waschen, in Röllchen schneiden und beiseitestellen.

- Ghee in einer Pfanne erhitzen und Lauch 5–10 Min. darin dünsten.

- Eier in eine Schüssel schlagen, verquirlen und salzen. Über den Lauch gießen und ca. 2 Min. backen. Vorsichtig wenden und von der anderen Seite backen.

- Mit Pfeffer und Schnittlauch bestreuen.

» Lauch-Omelette

Hirten-Pie

Für 2–3 Portionen
45 Min. + 20 Min. Backzeit

- 3 Tomaten
- 2–3 Karotten
- 2 Zwiebeln
- 2 Knoblauchzehen
- 2 EL Ghee
- 1 EL Kräuter der Provence (Seite 66)
- 500 g Rinderhackfleisch
- 300 ml Knochenbrühe (Seite 89) oder gefiltertes Wasser
- 1 Lorbeerblatt
- Pfeffer
- Salz
- Muskatnuss
- Zimtpulver
- 1 Butternusskürbis
- 50–80 g Cheddar
- 40 g Butter

- Tomaten waschen und würfeln. Karotten waschen, schälen und grob raspeln. Beides beiseitestellen. Zwiebeln schälen und hacken. Knoblauch schälen und zerdrücken.

- Ghee in einer Pfanne erhitzen, Zwiebeln und Kräuter der Provence darin ca. 5 Min. dünsten. Knoblauch dazugeben und weitere 2 Min. dünsten. Hackfleisch dazugeben und ca. 10 Min. von allen Seiten anbraten.

- Knochenbrühe oder gefiltertes Wasser angießen. Lorbeerblatt, Tomatenwürfel und geraspelte Karotten dazugeben. Mit Pfeffer, Salz, je 1 Msp. Muskat und Zimt abschmecken. Zum Kochen bringen. Dann die Temperatur reduzieren und noch ca. 5 Min. unter gelegentlichem Umrühren köcheln lassen.

- Backofen auf 180 °C vorheizen.

- Kürbis schälen, waschen und grob würfeln. In einem Etagendampfkocher 10–15 Min. garen, bis er weich ist. (Oder in sehr wenig Wasser weich dämpfen.)

- Cheddar grob reiben.

- Weichen Butternusskürbis in eine Schüssel geben und zerstampfen. Butter hineinrühren und mit je 1 Msp. Muskat und Zimt sowie Salz würzen.

- Hackfleischmischung in eine ofenfeste Form füllen, Kürbis darauf verteilen und glattstreichen. Geriebenen Cheddar darüber streuen. Im Backofen ca. 20 Min. backen.

Variante Anstelle von Kürbis kann auch gegarter und gestampfter Blumenkohl verwendet werden.

Gefüllte Paprika

Für 2 Portionen
70 Min. inkl. Backzeit

- 1 kleine Zwiebel
- 2 Knoblauchzehen
- 6–8 reife Tomaten (ca. 400 g)
- 2 EL Ghee
- 400 g Rinderhackfleisch
- Pfeffer
- Salz
- Muskatnuss
- Kräuter der Provence (Seite 66)
- 1 Lorbeerblatt
- 2–3 Paprika (Farbe nach Belieben)
- 2 EL natives Olivenöl Extra
- 50 g Parmesankäse am Stück

- Backofen auf 180 °C vorheizen.

- Zwiebel schälen und fein hacken. Knoblauch schälen und zerdrücken. Tomaten waschen, häuten (Tipp Seite 95), in Würfel schneiden und beiseitestellen.

- Ghee in einer Pfanne erhitzen und gehackte Zwiebel ca. 5 Min. darin glasig dünsten. Knoblauch dazugeben und noch 1–2 Min. dünsten. Hackfleisch dazugeben. Mit Pfeffer, Salz und Muskat würzen und ca. 10 Min. von allen Seiten anbraten.

- Tomaten, Kräuter der Provence und Lorbeerblatt hinzufügen und ca. 15 Min. köcheln lassen. Gelegentlich umrühren und ggf. etwas gefiltertes Wasser dazugeben, damit die Hackfleischsoße nicht anbrennt.

- Paprika halbieren, Stielansatz und Samen entfernen und Paprikahälften waschen.

- Eine feuerfeste Form fetten, Paprikahälften hineinlegen und mit etwas Olivenöl beträufeln. Paprikahälften in den Backofen schieben und ca. 12 Min. backen, ohne sie anbrennen zu lassen.

- Parmesan grob reiben.

- Paprikahälften mit der Hackfleischsoße füllen, mit Parmesan bestreuen und 20 Min. backen.

Gefüllte Zucchini-Boote

Für 2 Portionen

30 Min. + 25 Min. Backzeit

- 2 EL natives Olivenöl Extra
- 2–3 mittelgroße Zucchini
- ½ Zwiebel
- 1 Knoblauchzehe
- 1–2 EL Ghee
- 1 Ei
- 50 g Cheddar
- 50 g geriebene Mandeln
- ½ TL Kräuter der Provence (Seite 66)
- Pfeffer
- Salz
- 25 g Butter

- Backofen auf 180 °C vorheizen. Backblech ölen.

- Zucchini waschen und halbieren. Samenkerne und Fruchtfleisch herausschaben und beiseitestellen. Darauf achten, dass die verbleibenden Zucchiniwände nicht zu dünn werden.

- Zucchinihälften mit der ausgehöhlten Seite nach unten auf das Backblech legen und ca. 10 Min rösten. Beiseitestellen.

- Das herausgeschabte Fruchtfleisch grob hacken und den Saft abschütten. (Die Kerne können entfernt werden, wenn man befürchtet, dass sie Verdauungsprobleme verursachen.) Zwiebel schälen und fein hacken. Knoblauch schälen und zerdrücken.

- Ghee in einer Pfanne erhitzen und Zwiebel und Knoblauch darin glasig dünsten. Zucchinifruchtfleisch dazugeben und weitere 5 Min. dünsten. Alles in eine Schüssel geben und kurz abkühlen lassen.

- In der Zwischenzeit Ei verquirlen und Cheddar reiben.

- Ca. ⅔ des Cheddars, Ei, geriebene Mandeln und Kräuter der Provence zu dem gedünsteten Zucchinifleisch geben und vermischen. Mit Pfeffer und Salz abschmecken.

- Zucchini-Boote umdrehen und mit der Mischung füllen. Mit dem restlichen Käse und einigen Butterflöckchen bestreuen.

- Für weitere 25 Min. im Backofen backen.

Kürbis-Sellerie-Gratin

Für 2–3 Portionen

20 Min. + 55 Min. Backzeit

- etwas Butter für die Form
- ½ Butternusskürbis (ca. 400 g)
- ½ Sellerieknolle (200–300 g)
- 2 Knoblauchzehen
- etwas frischer Thymian
- 3 EL Ghee
- 2 EL Dijon-Senf (selbstgemacht, Seite 62, oder SCD-kompatibel)
- 1 EL Zitronensaft
- Salz
- Pfeffer
- 50 ml selbstgemachte Gemüsebrühe (Seite 87)

Backofen auf 200 °C vorheizen. Auflaufform fetten.

Kürbis waschen, schälen und entkernen. Sellerie waschen, schälen und vierteln. Beides in dünne Scheiben schneiden. Knoblauch schälen und hacken. Thymian waschen, trocken tupfen und Blättchen abzupfen.

Ghee in einem kleinen Topf erhitzen und Knoblauch darin 2–3 Min. goldgelb dünsten. Senf, Zitronensaft sowie einen Teil der Thymianblättchen unterrühren und vom Herd nehmen.

Kürbis- und Selleriescheiben in der Auflaufform verteilen. Mit Salz und Pfeffer würzen und die Hälfte der Ghee-Mischung darübergießen.

Eine zweite Schicht Kürbis- und Selleriescheiben in die Form geben und mit Salz und Pfeffer würzen. Erst die restliche Ghee-Mischung, dann die Gemüsebrühe darübergießen. Mit dem restlichen Thymian bestreuen.

Auflaufform mit Backpapier bedecken und 30–40 Min. im vorgeheizten Backofen backen. Backpapier entfernen und noch weitere 15 Min. backen (oder bis das Gratin eine goldene Kruste hat).

Das passt dazu knackiger grüner Salat

Tipp Das Gratin kann auch als Beilage zu Fleisch-, Fisch- oder Geflügelgerichten genossen werden. Die Menge reicht für 4–5 Portionen.

Kürbisspalten mit Joghurt-Minze-Dip

Für 2 Portionen
15 Min. + 25 Min. Backzeit

1 kleiner Hokkaido-Kürbis • Salz • ½ TL Ras el Hanout (Gewürzmischung, Seite 66) • 3–4 EL natives Olivenöl Extra • etwas frische Minze • 1 Knoblauchzehe • 250 g SCD-Joghurt (Seite 68) • ½ Bio-Limette • Pfeffer • 60 g Cheddar • 2 EL Rosinen

- Backofen auf 175 °C vorheizen. Backblech mit Backpapier belegen.
- Kürbis waschen, trocken tupfen, aufschneiden, ggf. schälen und in Spalten scheiden.
- In eine Schüssel geben und mit ½ TL Salz und ½ TL Ras el Hanout würzen. Olivenöl dazugeben und alles gut vermengen. Kürbisspalten auf das Backblech legen und in der Mitte des Ofens ca. 20 Min. backen.
- Minze waschen, Knoblauch schälen, beides fein hacken und unter den Joghurt rühren. Limette waschen, Schale abreiben und Frucht auspressen. 1 TL des Safts und den Abrieb ebenfalls mit dem Joghurt vermengen. Mit Salz und Pfeffer abschmecken.
- Cheddar reiben, mit den Rosinen über dem Kürbis verteilen und 5 Min. überbacken.
- Mit dem Joghurt-Minze-Dip servieren.

SCD-Pizza

Für 4–6 Portionen, 1 Backblech (23 × 33 cm)
20 Min. + ca. 25 Min. Backzeit

Für den Boden
1 EL natives Olivenöl Extra • 220 g Mandelmehl • 2 Eier • 115 g SCD-Frischkäse (Seite 72) • ¼ TL Salz
Für den Belag
450 g geröstete Tomatensauce (Seite 110) • Kräuter der Provence (Seite 66) • 80 g Cheddarkäse

- Backofen auf 180 °C vorheizen. Backblech fetten oder mit Backpapier auslegen.
- Alle Zutaten für den Boden miteinander vermischen. Aus dem Teig eine Kugel formen, auf das Backblech legen und mit den Händen zu einem möglichst dünnen, gleichmäßigen Boden glätten.
- Ca. 20 Min. backen, bis er eine goldbraune Kruste hat.
- Cheddar reiben.
- Tomaten-Sauce auf dem Boden verteilen. Zuerst mit der Kräutermischung und dann mit dem Cheddar bestreuen.
- Weitere 5 Min. backen, bis der Käse geschmolzen ist.

Das passt dazu Salat

Tipp Als Belag eignet sich auch gegartes Gemüse, gegartes Fleisch, gegartes Geflügel oder gegarter Fisch. Der Käse kommt immer zum Schluss.

DESSERTS

Vanille-Frischkäse mit Beeren

Für 2 Portionen
⏲ 15 Min.

½ Vanilleschote • 150 g SCD-Frischkäse (Seite 72) • 200 g Himbeeren oder Erdbeeren • 1 EL Honig • 1 EL Zitronensaft • einige Minzeblätter zum Garnieren (optional)

- Vanilleschote längs aufschlitzen, Mark herauskratzen und mit Frischkäse vermischen.

- Himbeeren waschen und trocken tupfen. Erdbeeren waschen und putzen. Die Hälfte der Beeren mit Honig und Zitronensaft pürieren.

- Vom Frischkäse Nocken abstechen und mit den pürierten und den übrigen ganzen Früchten auf zwei Tellern anrichten. Mit Minzeblättern garnieren.

Spritzig-feuriger Apfel-Joghurt

Für 2 Portionen
10 Min.

1 Bio-Zitrone • 1 großer säuerlicher Apfel • 300–400 g SCD-Joghurt (Seite 68) • 2–3 EL Rohhonig • 1 Msp. Chiliflocken • 1 Msp. Zimtpulver

- Zitrone waschen, abtrocknen und Schale abreiben. Zitrone auspressen.
- Apfel waschen, nach Wunsch schälen, entkernen und grob raspeln. Sofort mit Zitronensaft beträufeln, damit er nicht braun wird.
- Joghurt mit Rohhonig, Chiliflocken, Zimtpulver und Zitronenabrieb vermischen. Geriebenen Apfel unterrühren. Nochmals abschmecken und genießen.

Tipp Zitronenabrieb können Sie auf Vorrat selbstmachen. Dazu die abgeriebene Schale auf einem Teller flach verteilen und bei Zimmertemperatur 8–12 Std. trocknen. Ist der Abrieb trocken und bröselig, kann er in ein Glas gefüllt und mehrere Wochen aufbewahrt werden.

Frischkäsebällchen mit Zitronenhonig

Für 2 Portionen
10 Min.

25 g Haselnüsse • 1 EL Zitronensaft • 4 EL Rohhonig • 250 g SCD-Frischkäse (Seite 72)

- Haselnüsse hacken und in einer Pfanne ohne Fett rösten.
- Zitronensaft mit Honig im Wasserbad leicht erwärmen und miteinander verrühren.
- Frischkäse mit einem Eisportionierer zu Kugeln formen und in zwei Schälchen verteilen.
- Mit dem Zitronenhonig beträufeln und mit gerösteten Haselnüssen garnieren.

Variante Frischkäsebällchen mit Heidelbeeren oder Pfirsichstückchen anrichten.

SCD-Gummibärchen

ca. 140 g
15 Min. + 10 Min. Abkühlzeit + 15 Min. Gefrierzeit

100 ml Flüssigkeit (½ Saft, ½ gefiltertes Wasser) • 6 gestrichene TL Gelatinepulver • 1–2 EL Zitronensaft • Rohhonig nach Geschmack

- Die Grundmischung wie Götterspeise zubereiten (Rezept rechts).
- Bevor die Mischung in Gummibären-Förmchen aus BPA-freiem Silikon gegossen wird, zunächst 5–10 Minuten abkühlen lassen.
- Besser zu viel als zu wenig Flüssigkeit in die Form gießen. 15 Min. ins Eisfach stellen.
- Dann in ein verschließbares Gefäß geben und im Kühlschrank aufbewahren. So sind die Gummibärchen bis zu 2 Wochen haltbar.

SCD-Götterspeise

Für 4 Portionen
10 Min. + 2–4 Std. Kühlzeit

280 ml gefiltertes Wasser • 1 Päckchen Bio-Gelatinepulver (12 g, ausreichend für bis zu 570 ml Flüssigkeit) • 280 ml Apfel- oder Traubensaft (100 % Direktsaft, ohne Zusätze) • etwas Rohhonig (optional)

- 60 ml des gefilterten Wassers in eine Schüssel geben, Gelatinepulver daraufstreuen und weich werden lassen.
- Restliches Wasser zum Kochen bringen und zusammen mit dem Rohhonig (falls verwendet) in die Schüssel geben. Kräftig rühren, bis die Gelatine komplett aufgelöst ist.
- Saft dazugeben und nochmals gut umrühren.
- In Schälchen füllen und zunächst bei Zimmertemperatur abkühlen lassen. Dann im Kühlschrank in ca. 2–4 Std. fest werden lassen.

Variante Befindet man sich bereits im fortgeschrittenen Stadium der SCD, können mit dem Saft auch frische Früchte wie Erdbeeren, Himbeeren oder Pfirsich hinzugefügt werden.

Karamellisierte Apfelspalten

Für 2 Portionen

15 Min.

2 cm Ingwer • 2–3 Äpfel • 2 EL Ghee • 2 EL Rohhonig • 1 TL Zimtpulver • ½ TL Muskatnuss • 3–4 EL SCD-Joghurt (Seite 68) oder SCD-saure-Sahne (Seite 72)

- Ingwer schälen und fein raspeln. Äpfel waschen, schälen, entkernen und in dünne Spalten schneiden.

- Ghee in einer Pfanne (möglichst mit schwerem Boden) schmelzen. Äpfel hinzufügen und bei schwacher Hitze ca. 3–4 Min. dünsten, bis sie weich sind.

- Honig, Gewürze und Ingwer dazugeben. Äpfel bei mittlerer Hitze unter Rühren einige Minuten goldbraun karamellisieren.

- Apfelspalten auf Tellern anrichten und mit der Flüssigkeit aus der Pfanne übergießen.

- Warm servieren und mit etwas SCD-Joghurt oder SCD-saure-Sahne genießen.

Flan

Für 2 Portionen

5 Min. + 30–40 Min. Backzeit

1 Vanilleschote • 2 Bio-Eier • 6 EL gefiltertes Wasser • 2 TL Rohhonig • 2 Msp. Zimtpulver

- Backofen auf 150 °C vorheizen.

- Vanilleschote längs aufschneiden und Vanillemark auskratzen.

- Eier, Wasser, Vanillemark und Honig gut miteinander verrühren.

- Mischung in kleine Auflaufförmchen füllen und mit Zimt bestreuen.

- 30–40 Min. im vorgeheizten Backofen stocken lassen.

» Flan

Bratäpfel

Für 2–4 Portionen

2 Std. Einweichzeit + 15 Min. + 35 Min. Backzeit

- 50 g Rosinen
- 60 ml Apfelsaft (SCD-kompatibel) oder Wasser
- 2 EL weiche Butter + etwas Butter zum Fetten der Form
- 60 g Walnusshälften
- ½ Zitrone
- 4 mittelgroße Äpfel (z. B. Boskop, Cox Orange oder Jonagold)
- 1 TL selbstgemachtes Vanille-Extrakt (Seite 67) oder 1 Vanilleschote
- 2 EL Rohhonig
- Salz
- 1–2 TL selbstgemachte Zimt-Gewürz-Mischung (Seite 66)

- Rosinen ca. 2 Std. in Apfelsaft oder Wasser einweichen.

- Backofen auf 200 °C vorheizen. Auflaufform fetten.

- Walnusshälften hacken. Zitrone auspressen.

- Äpfel waschen, am Stielansatz einen Deckel abschneiden, Kernhaus entfernen und die Früchte mit einem Teelöffel noch etwas weiter aushöhlen. Dieses Fruchtfleisch aufbewahren. Alle Schnittstellen, auch am Deckel, und das Fruchtfleisch mit Zitronensaft beträufeln.

- Rosinen in ein Sieb geben und Einweichflüssigkeit auffangen. Falls Vanillemark benutzt wird, Vanilleschote längs aufschlitzen und Mark entfernen.

- Rosinen, Vanillemark oder Vanille-Extrakt, Fruchtfleisch, 2 EL weiche Butter, gehackte Walnüsse, Rohhonig, 1 Prise Salz und Zimt-Gewürz-Mischung vermischen.

- Äpfel in die Auflaufform setzen und mit der Mischung füllen. Mit übrigem Zitronensaft beträufeln. Einweichflüssigkeit neben die Äpfel in die Form gießen.

- Äpfel (zunächst ohne Deckel) 20–25 Min. backen. Wenn die Äpfel bereits relativ weich sind, Deckel daraufsetzen und noch weitere 10–12 Min. backen. Sollte die Flüssigkeit um die Äpfel herum ankrusten oder anbrennen, noch etwas mehr Flüssigkeit dazugießen.

- Je 1 Bratapfel auf einen Teller setzen und mit dem Saft aus der Auflaufform beträufeln.

Hinweis Apfelschalen nicht mitessen, sie enthalten Pektin.

Tipp Bratäpfel werden gerne mit Vanillesauce genossen. Eine SCD-kompatible Alternative dazu ist Kogel Mogel (Seite 147).

Kogel Mogel

Für 2 Portionen
10 Min.

4 Eigelbe • 1–2 TL Rohhonig • einige Walnusshälften oder Pekannüsse (optional)

- Eier trennen. Eiweiß anderweitig verwenden.

- Honig zu den Eigelben geben und so lange schlagen, bis eine dicke weißliche Konsistenz erreicht ist.

Das passt dazu Kogel Mogel schmeckt solo oder anstelle von Schlagsahne über frischem Obst wie Pfirsichstücke, Himbeeren oder Erdbeeren. Nach Wunsch mit gehackten Nüssen bestreuen.

Wichtig Hinweise zu rohen Eiern beachten! (Seite 59)

Tipp In der Volksmedizin gilt Kogel Mogel als natürliches Heilmittel bei Erkältungssymptomen wie Schluckbeschwerden oder Halsschmerzen.

Aprikosen-Ingwer-Kompott

Für 2 Portionen
12 Std. Einweichzeit + 20 Min.

175 g getrocknete Aprikosen (ohne Zucker oder Zusatzstoffe) • gefiltertes Wasser • 2 cm Ingwer • 100 g SCD-Joghurt (Seite 68) oder SCD-saure-Sahne (Seite 72)

- Aprikosen mit kochendem Wasser bedecken und über Nacht einweichen.

- Aprikosen mit Einweichwasser in einem Topf zum Kochen bringen. Ingwer schälen, in Scheiben schneiden und dazugeben.

- Temperatur reduzieren und ca. 10 Min. köcheln lassen, bis die Früchte weich und das Einweichwasser sirupähnlich sind.

- Aprikosen in ein Sieb geben und Sirup auffangen. Ingwerscheiben entfernen.

- Aprikosen in Dessertschälchen füllen, mit etwas Sirup übergießen und mit 1–2 EL SCD-Joghurt oder SCD-saurer-Sahne garnieren. Warm servieren.

Bananen-Eiscreme

Für 2 Portionen
10 Min. + 8 Std. Gefrierzeit

4 sehr reife Bananen • 1 Msp. Zimtpulver (optional) • einige Spritzer selbstgemachtes Vanille-Extrakt (optional, Seite 67)

- Bananen schälen, in Stücke brechen und in einen Gefrierbeutel geben. Vor dem Verschließen des Beutels so viel Luft wie möglich entfernen.
- Bananen so lange tieffrieren lassen, bis sie fest sind.
- Bananenstücke in der Küchenmaschine mit der s-förmigen Klinge so lange pulsen, bis sie eine cremige Konsistenz erreichen. Gewürze beim Pulsen dazugeben.
- Fertige Eiscreme sofort servieren.

Varianten Für eine tropische Geschmacksnote etwas gefrorene Mango zu den Bananen geben und die fertige Eiscreme mit Kokosraspeln bestreuen. Für einen nussigen Geschmack etwas SCD-kompatible Erdnussbutter unter das Bananeneis rühren und einige gehackte Walnüsse darüber streuen. Der Kreativität sind keine Grenzen gesetzt, solange die Zutaten bei der SCD erlaubt sind.

Karamell-Bananen mit Pekannüssen

Für 2 Portionen
5 Min.

2–3 reife Bananen • 2–3 EL Butter oder Ghee • 1 EL Rohhonig • 15 g (ca. 10 Stück) Pekannüsse • 1 Msp. Zimtpulver

- Bananen der Länge nach halbieren und die Hälften vierteln.
- Butter oder Ghee in einer Pfanne erhitzen. Rohhonig hinzufügen und mit dem geschmolzenen Fett verrühren.
- Bananen und Pekannüsse dazugeben. Bananen beidseitig ca. 2 Min. backen, bis sie weich und karamellisiert sind.
- Mit Zimt würzen und sofort servieren.

» Karamellbananen mit Pekannüssen

BROTE, KUCHEN & KEKSE

SCD-Brötchen

Für ca. 12 Stück
10 Min. + 15 Min. Backzeit

55 g zerlassene Butter + etwas für das Backblech • 220 g SCD-Frischkäse (Seite 72) • 85 g Rohhonig • 1 TL Natron • 3 Eier • Salz • 275 g Mandelmehl

- Backofen auf 180 °C vorheizen. Backblech fetten oder mit Backpapier auslegen.

- Butter zerlassen und etwas abkühlen lassen.

- Mit SCD-Frischkäse, Rohhonig und Natron zu einer cremigen Masse verrühren. Eier aufschlagen, verquirlen, 1 Prise Salz hinzufügen und zum Teig geben. Nur so lange rühren, bis alles gut vermischt ist. Mandelmehl dazugeben und mit einem Kochlöffel unterziehen.

- Mithilfe von 2 Esslöffeln ca. 12 Brötchen auf das Backblech setzen. Mit nassen Fingern oder einem nassen Löffel über den Teig streichen, ohne ihn zusammenzudrücken.

- 15 Min. backen und auf einem Kuchengitter auskühlen lassen.

SCD-Brot

Für 1 kleines Brot (ca. 10 × 20 cm)
15 Min + 45 Min. Backzeit

Butter + 1 EL Mandelmehl für die Backform • 70 g Butter • 3 Eier • 225 g SCD-Frischkäse (Seite 72) • 1 TL Natron • Salz • 275 g Mandelmehl

- Backofen auf 180 °C vorheizen. Kastenform fetten und Boden mit etwas Mandelmehl bestreuen.
- Butter zerlassen und etwas abkühlen lassen. Eier verquirlen. Beides mit Frischkäse, Natron und ¼ TL Salz so lange verrühren, bis eine cremige Masse entsteht.
- Mandelmehl dazugeben und weiterrühren. Wenn sich der Teig nicht mehr rühren lässt, mit nassen Händen so lange kneten, bis alle Zutaten vermischt sind.
- Teig zu einem Brot formen und in die Backform legen. Ca. 45 Min. backen. Mit einem Zahnstocher testen, ob das Brot fertig ist. Ggf. noch etwas länger backen.
- Fertiges Brot aus dem Ofen nehmen, an den Rändern von der Form lösen und auf einem Backgitter abkühlen lassen.

Tipp Das Brot eignet sich auch zum Toasten. Ich würde jedoch vorsichtshalber keinen Toaster benutzen, in dem auch glutenhaltiges Brot getoastet wird.

Kokosbrot

Für 1 kleines Brot (ca. 20 × 10 cm)
10 Min. + 40–45 Min. Backzeit

50 g Kokosmehl • 50 g Mandelmehl • 110 g Kokosöl • 6 Eier • 1 TL Natron • 2 TL Rohhonig • 250 g SCD-Frischkäse (Seite 72) • ½ TL Salz

- Backofen auf 180 °C vorheizen. Kastenform fetten.
- Alle Zutaten zu einer glatten Masse verrühren und in die Form füllen.
- Ca. 40–45 Min. auf der 2. Schiene von unten backen.

Bananenbrot

Für 1 kleines Brot (ca. 10 × 20 cm)
15 Min. + 40 Min. Backzeit

50–60 g Butter + etwas für die Form • 2 sehr reife große Bananen • 3 Eier • 330 g Mandelmehl (oder 3 gehäufte EL Kokosmehl) • 1 TL Natron • 3–4 EL Rohhonig (optional) • 1 Prise Salz • ½ TL Zimtpulver (oder selbstgemachte Zimt-Gewürz-Mischung, Seite 66) • 50 g gehackte Wal- oder Pekannüsse (optional) • 1 kleine Handvoll frische Heidelbeeren (optional)

- Backofen auf 180 °C vorheizen. Kastenform fetten oder mit Backpapier auslegen.
- Butter zerlassen. Bananen zerquetschen. Eier verquirlen. Mandel- oder Kokosmehl mit Natron vermischen.
- Vorbereitete Zutaten mit Rohhonig und Gewürzen zu einer cremigen Masse verarbeiten. Falls Sie Nüsse verwenden, diese grob hacken. Falls Sie Heidelbeeren verwenden, waschen und trocken tupfen. Beides zum Schluss unter den Teig heben.
- Teig in die Form füllen und 35–40 Min. auf der 2. Schiene von unten backen.
- Das Brot ist fertig, wenn es bei leichter Berührung zurückspringt und wenn ein eingeführter Zahnstocher wieder sauber herauskommt.

Hinweis Manche Patienten sollten Heidelbeeren frühestens 3 Monate nach Abwesenheit der Symptome verzehren.

Focaccia

Für 1 Backblech (23 × 33 cm)
15 Min. + 30–40 Min. Backzeit

40 g Butter • 60 g Cheddarkäse + 10 g für den Belag • 3 Eier • 220 g Mandelmehl • 1 TL Natron • 200 g SCD-Frischkäse (Seite 72) • ¼ TL Salz • ½ TL Pfeffer

Zum Bestreuen und Belegen

½ TL Seesalzflocken • Cheddarkäse • 1 TL Rosmarin (frisch oder getrocknet) • 8 kleine Cherry-Tomaten (halbiert)

- Backofen auf 190 °C vorheizen. Backblech fetten oder mit Backpapier auslegen.
- Butter zerlassen. Cheddar reiben. Eier verquirlen.
- Mandelmehl in einer Schüssel mit Natron vermischen. Restliche Teigzutaten dazugeben (ca. 10 g des Cheddars zum Bestreuen beiseitestellen) und alles zu einem geschmeidigen Teig verrühren. Teig auf das Backblech streichen.
- Tomaten waschen, abtrocknen und halbieren. Mit der aufgeschnittenen Seite nach oben auf dem Teig verteilen.
- Frischen Rosmarin waschen, trocken schütteln und Nadeln abzupfen. Rosmarin, Salzflocken und den restlichen Cheddar auf den Teig streuen.
- 30–40 Min. backen, bis die Ränder knusprig sind.
- Abkühlen lassen und in 20 Quadrate schneiden.

Karottenkuchen

Für 1 kleinen Kuchen (ca. 10 × 20 cm)
⏲ 15 Min. + 40–45 Min. Backzeit

- 1–2 Karotten (ca. 140 g)
- 2 cm Ingwer (optional)
- 50 g Walnusshälften
- 115 g weiche Butter
- 100 g Honig (optional, ist auch ohne Honig süß genug)
- 1 TL selbstgemachtes Vanille-Extrakt (Seite 67) oder 1 ausgekratzte Vanilleschote
- 1 Prise Salz
- 2 Eier
- 80 g Rosinen
- 165 g Mandelmehl
- 1 TL Natron
- 1 TL Zimt
- 1 Msp. Muskatnuss
- 1 Msp. Nelkenpulver

● Backofen auf 180 °C vorheizen. Kastenform fetten oder mit Backpapier auslegen.

● Karotten waschen, schälen und fein raspeln. Ingwer schälen und fein raspeln. Walnüsse grob hacken.

● Weiche Butter mit Honig, Vanille-Extrakt und Salz schaumig rühren. Eier hinzufügen und weiterrühren. Nach und nach die restlichen Zutaten hinzugeben und weiterrühren, bis alles gut vermischt ist.

● Teig in die Backform füllen und 40–45 Min. auf der 2. Schiene von unten backen. Der Kuchen ist fertig, wenn an einem eingeführten Holzstäbchen kein Teig mehr haftet.

● Den fertigen Kuchen auf einem Gitter auskühlen lassen.

Variante Sie können aus 1 TL abgeriebener Zitronenschale, 200 g SCD-Frischkäse und 2–3 EL Rohhonig (nach Belieben) einen Guss rühren und den Kuchen damit bestreichen. Mit 10 Walnusshälften garnieren.

Wrap aus Mandelmehl

Für 1 Stück

5 Min. + 30 Min. Ruhezeit + 20–25 Min. Backzeit

2 Eier • 150 g SCD-Joghurt (Seite 68) • 50 g Mandelmehl • Salz

- Backofen auf 190 °C vorheizen. Backblech mit Backpapier auslegen.
- Eier mit Joghurt, Mandelmehl und 1 Prise Salz verrühren. Teig 30 Min. ruhen lassen.
- Flüssigen Teig auf das Backpapier gießen und verteilen.
- Im vorgeheizten Backofen 20–25 Min. auf der mittleren Schiene backen.
- Sobald der Teig etwas fest wird, leicht mit einer Gabel anheben. Dadurch wird vermieden, dass er Blasen wirft. Backzeit im Auge behalten, denn Wraps dürfen nur leicht gebräunt sein, damit sie später beim Aufrollen nicht brechen.

Das passt dazu SCD-saure-Sahne (Seite 72), Tomate, Paprika, Gurke, Blattsalat, geriebener Käse, Hühnerfleisch, Fisch, Salsa oder selbstgemachter Hummus (Seite 85)

Tipp Wraps können auch am nächsten Tag gegessen werden, lassen sich dann aber meist nicht mehr so gut aufrollen. Rollen Sie daher den Wrap zum Aufbewahren noch warm mitsamt dem Backpapier ein.

Heidelbeer-Muffins

Für 12 Muffins

10 Min. + 20 Min. Backzeit

55 g Butter • 145 g frische Heidelbeeren • 275 g Mandelmehl • 1 TL Natron • 1/4 TL Salz • 1 Msp. selbstgemachte Zimt-Gewürz-Mischung (Seite 66) • 1/2 TL selbstgemachtes Vanille-Extrakt (Seite 67) oder 1/2 ausgeschabte Vanilleschote • 85 g SCD-Joghurt (Seite 68) • 2 Eier

- Backofen auf 170 °C vorheizen. Papierförmchen in die Muffinform setzen.
- Butter zerlassen und etwas abkühlen lassen. Heidelbeeren waschen und trocken tupfen.
- Sämtliche Zutaten (außer den Heidelbeeren) zu einem geschmeidigen Teig verarbeiten. Heidelbeeren unterziehen. Teig in die Muffinform füllen.
- Muffins ca. 15–20 Min. backen. Die Muffins sind fertig, wenn kein Teig mehr an einem eingeführten Holzstäbchen klebt.

Hinweis Für manche Patienten könnte es ratsam sein, Heidelbeeren erst ca. 3 Monate nach Abwesenheit der letzten Symptome zu verzehren.

SCD-Käsekuchen ohne Boden (nach Elaine Gottschall)

Für 1 kleine Kastenform (ca. 10 cm x 20 cm)
10 Min. + 30 Min. Backzeit

etwas Butter für die Form • 3 Eier • 110 g Rohhonig • 120 g SCD-Joghurt (Seite 68) • 320 g SCD-Frischkäse (Seite 72) • 2 TL Vanille-Extrakt (Seite 67) oder Mark einer ausgekratzten Vanilleschote • 1–2 TL Abrieb einer Bio-Zitrone (bei Einführungs-Diät weglassen)

- Backofen auf 180 °C vorheizen. Kastenform mit etwas Butter fetten oder mit Backpapier auslegen.
- Eier in einer Schüssel verquirlen. Restliche Zutaten dazugeben und mit einem Rührgerät oder Pürierstab so lange rühren, bis eine cremige Konsistenz erreicht ist.
- In die Kastenform füllen und ca. 30 Min. backen, bis die Ränder gebräunt sind.
- Bei Zimmertemperatur abkühlen lassen, dann in den Kühlschrank stellen.

Bananen-Dattel-Kekse

Für 22 Kekse
10 Min. + 15 Min. Ruhezeit + 20 Min. Backzeit

180 g Datteln (ohne Zucker oder andere Zusatzstoffe) • 3 reife Bananen • 160 g Mandelmehl • 80 g weiches Kokosfett • 1 TL selbstgemachtes Vanille-Extrakt (Seite 67) oder 1 ausgekratzte Vanilleschote

- Datteln entsteinen und hacken. Bananen in einer großen Schüssel zerdrücken und mit den restlichen Zutaten vermischen. 15–20 Min. ruhen lassen.
- Backofen auf 180 °C vorheizen. 2 Backbleche mit Backpapier auslegen.
- Mithilfe von 2 Esslöffeln Häufchen auf die Backbleche setzen. Mit dem Rücken eines Löffels kleine Fladen formen.
- 15–20 Min. backen und auf einem Kuchengitter abkühlen lassen.

Haselnussberge

Für 15 Stück
15 Min. + 15 Min. Backzeit

1 Bio-Zitrone • 3 Eiweiß • 100 g Rohhonig • ½ TL Zimt • 200 g gemahlene Haselnüsse

- Backofen auf 180 °C vorheizen. Backblech fetten oder mit Backpapier auslegen.
- Zitrone heiß abwaschen, abreiben und auspressen. Eiweiße sehr steif schlagen.
- Flüssigen Honig, Zitronensaft, ½ TL Zitronenabrieb und Zimt vorsichtig untermengen. Zum Schluss gemahlene Haselnüsse unterheben.
- Mithilfe von 2 Teelöffeln kleine Häufchen von ca. 5 cm Durchmesser auf das Backblech setzen. Auf der mittleren Schiene ca. 15 Min. backen.
- Fertige Haselnussberge auf einem Kuchengitter auskühlen lassen.

Variante Jeden Berg mit einer ganzen Haselnuss verzieren.

Parmesankekse

Für 35 Stück
15 Min. + 30 Min. Ruhezeit + 15 Min. Backzeit

75 g weiche Butter (Zimmertemperatur) • 2–3 Eigelb • 100 g Parmesankäse am Stück • 150 g Mandelmehl • 1 TL Natron • 1 Prise Salz • 1 Prise Paprikapulver

- Butter in Flöckchen schneiden. Eier trennen (Eiweiß anderweitig verwenden). Parmesan fein reiben.
- Parmesan, Mandelmehl, Natron, je 1 Prise Salz und Paprikapulver miteinander vermischen. Butterflöckchen dazugeben und mit den Fingerspitzen mit den restlichen Zutaten verreiben, bis eine Mischung entsteht, die Brotkrümeln ähnelt. Eigelbe dazugeben und mit den Händen so lange kneten, bis ein einheitlicher Teig entsteht.
- Eine Kugel formen und diese im Kühlschrank ca. 30 Min. ruhen lassen.
- Backofen auf 180 °C vorheizen. 2 Backbleche mit Backpapier auslegen.
- Aus dem Teig 2 Rollen formen. Davon ca. 5 mm dicke Scheiben abschneiden. Diese mit etwas Abstand auf die Backbleche setzen und auf der 2. Schiene von unten ca. 15 Min. goldbraun backen. Auf einem Kuchengitter abkühlen lassen.

» Haselnussberge

Danksagung

Ich bedanke mich von ganzem Herzen bei allen, die direkt oder indirekt zur Entstehung dieses Buches beigetragen haben. Beim TRIAS Verlag und dort vor allem bei Uta Spieldiener für ihr Vertrauen und die wunderbare Zusammenarbeit, bei meiner Projektmanagerin Anja Bippus und bei meiner Lektorin Ursula Brunn-Steiner für ihre kompetente und freundliche Kooperation.

Bei Prof. Dr. David Suskind, dessen Einsatz und Liebenswürdigkeit ich enorm schätze. Bei dem SCD-Verfechter, Autor und Betreiber der Webseite scdrecipe.com Raman Prasad für seine freundliche Unterstützung.

Bei meiner Freundin und Kollegin Uta Haas für die vielen Stunden des Korrekturlesens und für unsere anregenden Gespräche.

Bei meiner Mutter, der die Zubereitung unseres Essens schon immer weitaus mehr als eine ungeliebte Pflicht gewesen ist und der ich von Kindheit an beim Kochen über die Schulter gucken konnte.

Bei meinem inneren Lichtstrahl. Und natürlich bei meinem Partner und unserem Sohn. Danke für Eure Liebe und Eure Unterstützung, ohne die ich nie die Zeit zum Schreiben gefunden hätte.

Service

Quellenangaben

1 McDonald PJ, Fazio VW, What can Crohn's patients eat? Eur J Clin Nutr. 1988 Aug; 42(8):703–708. [PubMed: 3181105]

2 Moser G, Tillinger W, Sachs G et al., Relationship between the use of unconventional therapies and disease-related concerns: a study of patients with inflammatory bowel disease. J Psychosom Res. 1996 May; 40(5):503–509. [PubMed:8803859]

3 https://www.seattlechildrens.org/about/stories/dietary-therapy-for-ibd (aufgerufen am 13.12.21)

4 https://gutharmony.net/index.php/2019/11/29/manipulating-the-microbiome-with-more-efficacy-and-making-dietary-therapy-even-more-personalized (aufgerufen am 13.12.21)

5 https://gutharmony.net/index.php/2019/03/14/the-diet-debate (aufgerufen am 13.12.21)

6 Campbell-McBride N, Gut and Psychology Syndrome, Medinform Publishing, Soham, UK, 2016, S. 129.

7 Little M, Suskind D, SCD Science in Practice, February 03, 2020. https://www.nimbal.org/blog/food-for-thought/nutrition/scd-science-in-practice (aufgerufen am 13.12.21)

8 The Specific Carbohydrate Diet for Inflammatory Bowel Disease: A Case Series, Samir Kakodkar, Azam J Farooqui, Sue L Mikolaitis, Ece A Mutlu, J Acad Nutr Diet. 2015 Aug; 115(8): 1226–32. doi:10.1016/j.jand.2015.04.016. (aufgerufen am 13.12.21)

9 O'Bryan T, The Autoimmune Fix, Rodale Inc., New York, 2016, S. 176.

10 O'Bryan T, 2016, S. 136 ff.

11 Gottschall E, Breaking the Vicious Cycle: Intestinal Health through Diet, Kirkton Press Ltd, Ontario, Canada, Fifteenth Printing, 2014, S. 43.

12 Kakodkar S, Diet and Medical Therapy – The Middle Path. Febr. 17, 2019. https://www.podomatic.com/podcasts/samir3/episodes/2019-02-17T10_32_02-08_00 (aufgerufen am 13.12.21)

13 https://gutharmony.net/index.php/2019/11/29/manipulating-the-microbiome-with-more-efficacy-and-making-dietary-therapy-even-more-personalized (aufgerufen am 13.12.21)

14 Gottschall E, The Gut/Brain/Food Connection: The Specific Carbohydrate Diet (SCD). https://www.jcrows.com/carb.html (aufgerufen am 13.12.21)

15 https://joghurt-selbst-machen.eu/joghurtbereiter-test (aufgerufen am 13.12.21)

16 Mercola J, Fat For Fuel A Revolutionary Diet to Combat Cancer, Boost Brain Power, and Increase Your Energy. Hay House, Inc., Carlsbad, California, 2017, S. 83 ff.

17 Mercola J, 2017, S. 83 ff.

18 Ballantyne S, The Paleo Approach, Victory Belt Publishing Inc., Las Vegas, USA, 2013, S. 112.

19 Gottschall E, 2014, S. 156.

Liebe Leserin, lieber Leser,

hat Ihnen dieses Buch weitergeholfen? Für Anregungen, Kritik, aber auch für Lob sind wir offen.
So können wir in Zukunft noch besser auf Ihre Wünsche eingehen.
Schreiben Sie uns, denn Ihre Meinung zählt!

Ihr TRIAS Verlag

https://kundenservice.thieme.de | Lektorat TRIAS Verlag, Postfach 30 05 04, 70445 Stuttgart

/trias.tut.mir.gut   /trias_verlag   /triasverlag   www.trias-verlag.de/newsletter

Rezeptverzeichnis

A

Äpfel
- Äpfel, gedämpfte 76
- Apfel-Joghurt, spritzig-feuriger 142
- Apfelspalten, karamellisierte 144
- Bratäpfel 146

Aprikosen-Ingwer-Kompott 147
Avocado mit Ei und Petersilie 9

B

Balsamico-Creme 63

Bananen
- Bananenbrot 153
- Bananen-Dattel-Kekse 157
- Bananen-Eiscreme 148
- Bananen-Heidelbeer-Smoothie 75
- Bananen-Pancakes aus Kokosmehl 78
- Bananen-Snack, schneller 76
- Karamell-Bananen mit Pekannüssen 148

Basilikum-Pesto 81
Blattspinat aus dem Wok 111

Blumenkohl
- Blumenkohl mit Ingwer und Koriander 112
- Blumenkohl-»Reis« 114

Bohnen, Grundrezept 119
Bohnen-Hummus 85
Borschtsch, russischer 100
Bratäpfel 146
Brathähnchen mit Kürbisspalten und Coleslaw 129

Brot
- Bananenbrot 153
- Kokosbrot 152
- SCD-Brot 152

Brötchen 151

C

Champignon-Suppe 91

D

Dip-Gemüse 115

Dips
- Frischkäse-Dip mit Kräutern 80
- Frischkäse-Dip mit Meerrettich 80
- Haselnuss-Dip 80
- Joghurt-Minze-Dip 139
- Rucola-Dip 80

E

Eier
- Kürbispüree mit Spiegelei und Salat 128
- Lauch-Omelette 132
- Spinat-Eier-Pfanne 127
- Zucchini-Pfannkuchen 132

Energiebällchen 77

F

Fisch
- Kabeljau-Filet mit Pesto 121
- Lachsfilets, gebackene 122
- Lachsfilets, pochierte 122

Flädle-Rübli-Suppe 92
Flan 144

Fleisch
- Brathähnchen mit Kürbisspalten und Coleslaw 129
- Gemüseeintopf mit Rindfleisch 98
- Hackbällchen, würzige 124
- Hackfleischbällchen in Tomatensauce 131
- Hühnchen-Gemüse-Patties 123
- Hühnerbrustfilets, pikante 124
- Hühnerbrust-Trauben-Salat 104
- Putenbrust, asiatische 9
- Tandoori-Hähnchenbrust 130

Focaccia 153
Frischkäsebällchen mit Zitronenhonig 142
Frischkäse-Dip mit Kräutern 80
Frischkäse-Dip mit Meerrettich 80
Frischkäse mit Tomaten und Basilikum 82
Früchte-Bruschetta 8

G

Garam Masala 66
Gemüsebrühe, echte 87
Gemüseeintopf mit Rindfleisch 98
Gemüseeintopf, provenzialischer 92

Gewürzmischungen
- Garam Masala 66
- Kräuter der Provence 66
- Ras el Hanout 66
- Za'atar 65
- Zimt-Gewürz-Mischung 66

Ghee (geklärte Butter) 67
Götterspeise 143
Granola-»Knuspermüsli« 77
Grünkohl mit Knoblauch und Zimt 116
Grünkohl mit Paprika 116
Guacamole 84
Guacamole mit Pfiff 84
Gummibärchen 143
Gurken-Salsa 85

H

Hackbällchen, würzige 124
Hackfleischbällchen in Tomatensauce 131
Haselnussberge 158
Haselnuss-Dip 80
Heidelbeer-Muffins 156
Hirten-Pie 134
Hühnchen-Gemüse-Patties 123
Hühnerbrühe 88
Hühnerbrustfilets, pikante 124
Hühnerbrust-Trauben-Salat 104
Hühnersuppe, magische 91
Hülsenfrüchte, Grundrezept 119
Hummus 85

I

Ingwertee 42

J

Joghurt-Zitronen-Sauce 107

K

Kabeljau-Filet mit Pesto 121
Karamell-Bananen mit Pekannüssen 148

Karotten
- Hirten-Pie 134
- Karottengemüse, zartes 111
- Karotten-Koriander-Salat 105
- Karotten-Koriander-Suppe 100
- Karottenkuchen 154
- Linsen-Karotten-Suppe, wärmende 99
- Rote Bete-Karotten-Salat 105

Knoblauch-Kräuter-Butter 61
Knochenbrühe, einfache 89
Knochenbrühe, konzentrierte 90
Kogel Mogel 147
Kokosbrot 152
Kokosmilch 70
Kräuter der Provence 66
Kräuterpaste 65

Kürbis
- Brathähnchen mit Kürbisspalten und Coleslaw 129
- Hirten-Pie 134
- Kürbispüree mit Spiegelei und Salat 128
- Kürbis-Sellerie-Gratin 138

- Kürbisspalten mit Joghurt-Minze-Dip 139
- Kürbissuppe, exotische 94
- Salat aus geröstetem Gemüse 106

Kurkuma-Mayonnaise 63

L

Labneh-Bällchen 82
Lachsfilets, gebackene 122
Lachsfilets, pochierte 122
Lauch-Erbsen-Sauce, cremige 110
Lauch-Omelette 132
Linsen-Karotten-Suppe, wärmende 99

M

Mandelmehl aus Pulpe 71
Mandelmilch 71
Mango-Lassi 76
Mayonnaise 63
Minestrone 96

P

Paprika, gefüllte 135
Parmesankekse 158
Pfeffersuppe, spanische 95
Pizza 139
Putenbrust, asiatische 9

R

Ras el Hanout 66
Rosenkohl mit Rosinen 112
Rote Bete-Karotten-Salat 105
Rote Bete-Pesto 81
Rucola-Dip 80

S

Salat aus geröstetem Gemüse 106
Salatsaucen
- Joghurt-Zitronen-Sauce 107
- Schnittlauch-Sauce 107
- Tahini-Dressing 107
- Vinaigrette-Sauce 107

Sauerkraut 73
SCD-Brötchen 151
SCD-Frischkäse 72
SCD-Frischkäse mit Gurke 78
SCD-Götterspeise 143
SCD-Gummibärchen 143
SCD-Joghurt 68
SCD-Joghurt aus Kokosmilch 70
SCD-Käsekuchen ohne Boden 157
SCD-Pizza 139
SCD-saure-Sahne 72
Schnittlauch-Sauce 107
Senf 62
Sojasaucen-Ersatz 64
Spinat-Birnen-Salat 103
Spinat-Eier-Pfanne 127

T

Tahini 64
Tahini-Dressing 107
Tandoori-Hähnchenbrust 130
Tomatensauce, geröstete 110
Tzatziki 78

V

Vanille-Extrakt 67
Vanille-Frischkäse mit Beeren 141
Vinaigrette-Sauce 107

W

Wintergemüse, geröstetes 115
Wirsing mit saurer Sahne 118
Wirsing-Sellerie-Gemüse 118
Wrap aus Mandelmehl 156

Z

Za'atar 65
Zimt-Gewürz-Mischung 66
Zimtwaffeln 76
Zoodles 109
Zucchini
- Salat aus geröstetem Gemüse 106
- Wintergemüse, geröstetes 115
- Zoodles 109
- Zucchini-Boote, gefüllte 136
- Zucchini-Pfannkuchen 132
- Zucchini-Salat 104

Sachverzeichnis

B
Bakterien 29
Bakterienvielfalt 16, 30
Ballaststoffe 30
Bananen 44
Bewegung 38
Bio-Produkte 58
Blutzuckerspiegel 28
Butyrat 29, 30

C
Cholesterin 32
Colitis ulcerosa 15

D
Durchfall 44
Dysbiose 13, 14, 15, 16, 26

E
Eier 31, 32, 44, 59
Einfachzucker 25, 27
Einführungsdiät 42
Emulgatoren 30
Ernährungsumstellung 35

F
Fette 29, 31, 41
Fisch 31
Fleisch 31
freie Radikale 29, 41

G
GAPS-Diät 20, 43
Gelatine 47
Gemüse, gekocht 45
Gemüse, roh 46
Getränke 42
Ghee 47
Glucose 28
Gluten 27
glutenfrei 33

H
Honig 46
Hülsenfrüchte 47

J
Joghurtbereiter 39

K
Kaffee 48
Kohlenhydrate 25, 28
Küchenzubehör 39

L
Laktose 32
Leaky-Gut-Syndrom 27

M
Medikamente 34, 35
Medikamente, Zusätze 48
Mehrfachzucker 25, 33
Mikrobiom 14, 16, 24
Mikronährstoffe 31
Mikrovilli 26
Milch 27
Milchprodukte 40
Mineralien 48
Morbus Crohn 15

N
Nahrungsmittel, erlaubte 51
Nahrungsmittel, verbotene 53
Nanopartikel 30
Nimbal-Therapie 20, 42
Nüsse 40, 46
Nussmehl 40, 46

O
Obst, gekocht 45
Obst, roh 46
Öle 41
Olivenöl 41
Omega-3-Fettsäure 29
Omega-6-Fettsäure 29

P
Pfeffer 47
Proteine 31

R
Rückfälle 49

S
Saccharin 46
Salz 47
Sauerkraut 47
SCD-Joghurt 32
SCD-Tagebuch 40
SIBO 27
Spezielle Kohlenhydrat-Diät 12
– Geschichte 18
– Kinder 36
Sulfite 30

T
Tight Junctions 13

U
Umweltfaktoren 15

V
Vegetarier 41
Vitamine 48

W
westliche Ernährung 28
Wiedereinführung von Nahrungsmitteln 37

Z
Zöliakie 18, 33
Zucker 27

Empfehlungen von Carola Gotta

Im Folgenden finden Sie weiterführende Empfehlungen

Literatur

Sarah Ballantyne, The Paleo Approach, Victory Belt Publishing Inc., Las Vegas, USA, 2013.

Natasha Campbell-McBride, Gut and Psychology Syndrome, Medinform Publishing, Soham, UK, 2016. (Deutscher Titel: GAPS – Gut and Psychology Syndrom. Wie Darm und Psyche sich beeinflussen)

William Davis, Weizenwampe: Warum Weizen dick und krank macht, Goldmann Verlag, München, 2013.

Carola Gotta, Luca, seine Colitis und ich. Eine Heilreise, tredition Verlag, Hamburg, 2022.

Carola Gotta, Neue Chancen bei chronisch-entzündlichen Darmerkrankungen. Wie die Spezielle Kohlenhydrat-Diät SCD bei Morbus Crohn und Colitis ulcerosa hilft, TRIAS Verlag, Stuttgart, 2022.

Elaine Gottschall, Breaking the Vicious Cycle: Intestinal Health through Diet, Kirkton Press Ltd, Ontario, Canada, Fifteenth Printing, 2014.

Samir Kakodkar, Diet as a Therapeutic Option for Adult Inflammatory Bowel Disease, Gastroenterol Clin North Am. 2017 Dec; 46(4): 745–767. doi: 10.1016/j.gtc.2017.08.016, https://www.ncbi.nlm.nih.gov/pmc/articles/PMC5821251

Joseph Mercola, Fat for Fuel, Hay House Inc., Carlsbad, USA, 2017.

Tom O'Bryan, The Autoimmune Fix, Rodale Inc., New York, 2016.

Raman Prasad, Recipes for the Specific Carbohydrate Diet. The Grain-Free, Lactose-Free, Sugar-Free Solution to IBD, Celiac Disease, Autism, Cystic Fibrosis, and Other Health Conditions, Fair Winds Press, Beverly, Massachusetts, USA, 2008.

David L. Suskind, Nutrition in Immune Balance (NIMBAL) Therapy: Using Diet to Treat Inflammatory Bowel Disease, Nimbal Publishing, LLC, 2016.

Websites

Aufgerufen am 13.12.21

Englischsprachig

https://www.nimbal.org

http://www.specificcarbohydrate-dietassociation.org

https://www.scdrecipe.com

http://www.pecanbread.com

http://www.gaps.me (auch auf Deutsch)

https://www.gapsdiet.com

https://www.podomatic.com/podcasts/samir3

https://www.facebook.com/groups/SCDers

Deutschsprachig

https://scd-blog.de (auf dieser Seite schreiben Aleksandra Hadzic und ich gemeinsam; hier finden Sie auch Hinweise zu Blogs und Gruppen)

https://scdrezepte.wordpress.com

https://evalescam.com

Deutschsprachige Facebook-Gruppen

SCD in Deutschland (Specific Carbohydrate Diet)

Crohn Revolution Community

Podcast

Against the Grain

by Samir Kakodkar, Specialist for Ulcerative Colitis and Morbus Crohn. Hier findet man interessante Podcastsfolgen, u. a. auch das Interview mit Elaine Gottschalls Tochter Judy Herod: »Over 50 Years on the Specific Carbohydrate Diet for Ulcerative Colitis« und ein Interview mit SCD-Verfechter Raman Prasad: »Raman Prasad – Specific Carbohydrate Diet for 20 Years.«

Bibliografische Information der Deutschen Nationalbibliothek
Die Deutsche Nationalbibliothek verzeichnet diese Publikation in der Deutschen Nationalbibliografie; detaillierte bibliografische Daten sind im Internet über http://dnb.d-nb.de abrufbar.

Programmplanung: Uta Spieldiener
Projektmanagement: Anja Bippus
Redaktion: Ursula Brunn-Steiner, Vaihingen/Enz
Bildredaktion: Caroline Merdian

Umschlaggestaltung: © Thieme
Layout: CYCLUS · Visuelle Kommunikation, Stuttgart

Bildnachweis:
Umschlagmotiv und Bild S. 3: © A. Rogge und J. Jankovic/Thieme
Foodfotos: © A. Rogge und J. Jankovic/Thieme; S. 79 © S. Bütow/Thieme; S. 101, 155, 159 © M. Bergmann/Thieme
Zeichnungen: Susi Schaaf, Bellheim

1. Auflage 2022

TRIAS Verlag in Georg Thieme Verlag KG
Rüdigerstraße 14, 70469 Stuttgart, Germany
www.trias-verlag.de

Printed in Germany

Satz und Repro: Fotosatz Buck, Kumhausen
Druck: Grafisches Centrum Cuno, Calbe

Gedruckt auf chlorfrei gebleichtem Papier

ISBN 978-3-432-11549-8 1 2 3 4 5 6

Auch erhältlich als E-Book:
eISBN (ePub) 978-3-432-11550-4